걸프의 순간

걸프의 오늘과 내일
아랍의 최고 석학이 쓴

걸프의 순간

압둘칼리끄 압둘라 지음

김강석·안소연 옮김

쏠딴스북

걸프의 순간

1쇄 발행 2023년 10월 23일

지은이 : 압둘칼리끄 압둘라
옮긴이 : 김강석 · 안소연
펴낸이 : 김영경
펴낸 곳 : 쑬딴스북
표지 캘리그라피 : Sofia Elkhouly
출판등록 : 제2021-000088호(2021년 6월 22일)
주소 : 경기도 파주시 탄현면 헤이리마을길 82-91 B동 202호
이메일 : fuha22@naver.com
ISBN : 979-11-984168-3-4 03300

걸프 아랍국가 _ 사우디아라비아 아랍에미리트 쿠웨이트 바레인 오만 카타르

머리말

'걸프의 순간' 의 도래

21세기의 시작과 함께 새로운 걸프 시대가 도래했다. 아랍 세계는 이전에는 경험하지 못한 새로운 역사적 순간을 맞이했다. 그것은 바로 '걸프의 순간' 이다. 아랍 경제의 중심은 걸프 지역으로 이동했고, 아랍의 중요한 정치적 결정들은 이제 리야드, 아부다비, 그리고 일부는 도하에서 이루어진다. 카이로, 다마스쿠스, 바그다드에서 주로 일어났던 주요 정치적 결정이 이제는 걸프 국가 도시들에서 이루어지며, 이 지역들은 세계적인 금융, 외교, 언론의 중심지로 바뀌었다. 새로운 걸프의 지도자들은 아랍 세계를 더욱 다채로운 미래로 이끌겠다는 강력한 의지와 자신감을 보여주며, 이를 힘찬 언어로 표현하고 있다.

이것이 바로 21세기의 새로운 '걸프의 순간' 이다. 오랜 공백 기간을 넘어 걸프 지역은 다시 아랍의 영향력을 회복하고 세계적인 존재감을 드러냈다. 현대 아랍 역사에서 '걸프의 순간' 이라는 개념을 설명하고 정의하고 요약할 수 있는 많은 순간이 있었기 때문에 걸프의 영향력과 존재감을 무시하거나 저평가할 수 없는 시대가 되었다. 1,500년 전 걸프 지역이 처음 부상했던 그 순간 이후 이제는 두 번째 '걸프의 순간' 이 도래한 것이다.

'걸프의 순간' 이라는 표현은 이 책에서 새

롭게 제안된 개념이다. 이 책은 걸프 국가들이 특별한 시기를 맞이하고 있으며, 이를 통해 유일무이한 발전의 시간을 창출하고 있다고 주장한다. 또한 장기간 지연되었던 아랍 르네상스를 위한 새로운 계획을 세우고 있음을 보여준다. 이런 변화는 걸프 지역이 새로운 빛을 발할 수 있다는 확신을 갖게 하는 구체적인 현상들로 나타나고 있다.

이것은 수많은 내부 문제로 인해 아랍 국가들로부터 등을 돌린 아랍 마그레브의 순간도 아니고, 팔레스타인, 레바논, 이라크, 시리아 등에서의 여러 전쟁과 위기로 가득한 아랍 마슈리크의 순간도 아니다. 또한 리더십이 축소되고 '아랍의 봄' 혁명 이후 명성을 회복하기 위해 분주한 이집트의 순간도 아니다. 지금은 정치적 안정과 속도감 있는 경제 발전, 그리고 세계로의 개방이라는 강점을 가진 걸프의 순간을 맞이하고 있다.

걸프의 순간이라는 표현은 새로운 걸프 국가의 모습을 대표하는 말이다. 척박한 사막이었던 걸프는 이제 발전하는 푸른 오아시스로 변모했다. 약소국에 불과했던 걸프 국가들은 경제, 정치, 지식 등의 분야에서 거인으로 성장해, 전 아랍 세계가 걸프에 미치는 영향력보다 더 큰 영향력을 아랍 세계에 행사하고 있다.

걸프의 순간이라는 표현은 아랍 역사에서 선도적인 역할을 담당하게 된 걸프 도시들이 경험하고 있는 근본적인 변화에 대한 논의가 시작된 10년 전부터 등장했다. 도하는 교육의 도시, 아부다비는 외교의 도시, 샤르자는 문화의 도시로 발전하고 있으며, 두바이는 세계 언론의 중심지로, 리야드는 21세기 아랍 정치의 핵심으로 그 역할을 확고히 하고 있다.

이런 열망들이 걸프 국가들은 현재 아랍 지역에서 의식, 의지, 신뢰를 안고 지도력과 영향력을 발휘하려 한다는 것을 명확하게 보여준다. 걸프의 순간이라는 표현을 처음 도입한 이후 10년 동안 걸프의 상황은 크게 변화했다. 그들의 영향력과 통치력은 두드러지게 아랍 세계에 뻗어 나가고 있으며, 이는 여러 아랍 국가의 힘의 균형을 20세기를 지배했던 시대와는 다른 형태로 바꿔놓았다.

걸프의 순간은 걸프 국가들이 아랍 전체가 걸프를 통치하는 것보다 더 큰 통치력을 가지고 있음을 보여준다. 이런 걸프의 통치력은 모든 삶의 영역과 중요한 지표들을 아우르고 있다. 따라서 걸프의 순간은 하나의 순간이 아니다. 이는 모든 순간이 통합되고 얽혀 있는 전체의 순간이다. 걸프의 순간은 경제와 금융의 순간이며, 정치와 외교의 순간이며, 사회와 공동체의 순간이고, 문화와 지식의 순간이며, 특히 언론의 순간이다.

걸프의 순간은 무(無)에서 갑자기 탄생한 것이 아니다. 이는 매일 매일 새로운 걸프의 현실의 토대로부터 점차 발전하고 성숙해지고 있다. 즉 아랍 세계의 요동치는 역사적 발전에서 영감을 받은 것이다. 아랍 세계에서 부상하는 걸프의 순간을 정의하고 이해해야 할 시점이 왔다. 바로 그것이 이 책을 쓴 이유다.

1장에서는 걸프의 순간이 부상한 세계적인 흐름과 사상, 그리고 역사적 배경을 설명한다. 2장에서는 걸프의 순간에서 가장 뚜렷한 발전을 보인 금융 및 경제 분야에 초점을 맞춘다. 3장은 아랍의 봄을 거치며 강력하게 부상한 걸프의 순간의 정치와 외교에 집중한다. 4장에서는 아직 주목받지 못하고 있는 사회와 공동체의 모습에서 걸프의 순간의 모든 것을 조명한다. 5장에서는 주변의 의구심과 회의를 자아내는 걸프의 순간에서 창조, 지식, 문화 분야의 진정한 모습을 들여다본다. 6장에서는 아랍 언론의 무게 중심이 이집트나 레바논과 같은 전통적인 언론 중심지에서 걸프로 옮겨온 이야기를 다룬다. 마지막 장인 7장에서는 걸프의 순간이 마주하고 있는 도전 과제들을 살펴보고, 걸프의 순간은 어디로 향하고 있는지, 걸프의 순간이 지속될 수 있을지, 그리고 21세기가 아랍 현대사에서 걸프의 시대가 될지에 대한 질문에 답을 제시한다.

이외에도 이 책은 걸프의 순간이 지닌 정신을 이야기한다. 걸프의 순간에서 두드러진 주요 이슈와 사건을 짚어본다. 각 장은 걸프의 순간이라는 개념을 설명하는 데 필요한 새로운 상황들을 다룬다. 새로운 걸프의 모습은 전통과 소비 중심이었던 과거 사회와 거리가 멀어졌다. 석유 수익에 의존하며 외부의 보호 없이는 생존하기 힘들었던 약소국의 현실, 그리고 아랍의 지식과 혁신 분야와는 별

개의 생활 방식으로 서술되었던 모습은 이제 현재의 걸프 상황에는 더 이상 부합하지 않게 되었다. 걸프의 순간은 번영하는 경제, 개방적인 사회, 국제적인 역할을 추구하는 21세기 걸프의 모습을 보여준다. 이는 이전의 전통적인 모습과는 전혀 다른 새로운 시각을 제공한다.

마지막으로, 이 책이 걸프의 순간에 집중하고 있으며 새로운 아랍의 중심으로서 걸프의 부상을 관찰하고 있지만, 그렇게 함으로써 아랍 전체에 대해 오만한 감정을 표출하려는 것은 결코 아니다. 걸프 국가들은 그들에게 부적합한 리더십을 창출하고자 하지 않으며, 걸프 시민들은 아랍 정체성이 아닌 다른 정체성을 갖길 원하지 않는다. 걸프는 아랍 공동체에서 떼어낼 수 없는 존재이며, 아랍 문화와 문명에 속한 것에 자긍심을 가진다. 걸프 국가들은 그들이 얼마나 높은 위치에 있고 큰 영향력을 가졌더라도 가슴 깊숙이 자리 잡은 '아랍'이라는 정체성 없이는 존재할 수 없다.

새로운 걸프는 현재 진행형이다. 걸프는 장단점을 가지고 있으며, 안팎의 위협에 직면하고 있다. 하지만 그 어느 때보다 미래를 향한 방향성과 자신들이 보유하고 있는 자원에 더 큰 자신감을 가지고 있다.

《걸프의 순간》의 한국어판 발간을 매우 기쁘게 생각한다. 이 책이 걸프와 아랍 문제에 관심 있는 한국 독자들에게 현재 이 지역에서 겪고 있는 엄청난 변화를 이해하는 데 도움이 되길 바란다.

이 책의 번역은 나의 친한 동료인 한국외국어대학교 아랍어과 김강석 교수의 아이디어에서 출발했다. 한국어판을 발간하자는 김강석 교수의 제안을 곧바로 받아들였고, 그 결과 이 책을 한국의 독자들에게 소개할 수 있었다. 이 책의 번역 및 출판 과정을 주도해준 김강석 교수에게 깊은 감사를 표한다. 그의 노력이 없었다면 한국어판은 탄생하지 못했을 것이다.

또한 이 책의 번역을 위해 혼신의 노력을 쏟아부은 안소연 박사에게도 감사의 마음을 전한다. 안소연 박사는 나와 왓츠앱을 통해 연락하면서 탁월한 번역이 될 수 있도록 큰 노력을 기울여주었다. 안소연 박사가 제기한 다양한 질문은 이 책의 내용을 깊이 이해하려는 노력을 반영하고 있으며, 이에 큰 고마움을 느낀다. 특히 그녀는 의견을 제시하며 책의 내용에 대해 자세한 설명을 요청해왔다. 어떤 부분이 명확하지 않다면, 그 부분에 대해 질문을 던져왔다. 안소연 박사는 이 책의 아랍어 원문을 열정을 갖고, 세밀하게 번역했고, 그 결과 이 책의 메시지와 내용이 한국의 독자들에게 정확하게 전달될 수 있게 되었다. 이 책의 번역은 걸프 지역에 대한 중요성이 점점 증가하는 한국 학계의 관심을 보여주는 지표라 할 수 있다.

오늘날 걸프 지역에 대한 세계 언론 및 학계 관심은 최고조에 이르렀다. 이는 이 지역이 세계 어느 곳보다 막대한 양의 석유를 보유하고 있기 때문이다. 2023년 기준으로 이 지역의 원유 매장량은 약 8,000억 배럴로 추정되며, 이는 전 세계 원유 매장량의 약 60%에 해당하는 수치다. 또한 이 지역의 원유 매장량은 곧 세계 전체의 70%를 차지할 것으로 예상된다. 아라비아만 지역의 석유만큼이나 이 지역에서는 엄청난 규모의 천연가스도 중요한 역할을 하고 있다. 무엇보다 이 지역은 석유에 대한 의존에서 벗어나 신재생에너지로 전환하는 점진적이고 어려운 과정을 시작했다.

하지만 아라비아만 지역에 대한 세계적인 관심은 석유와 가스에만 국한되지 않았다. 이는 아랍에미리트, 사우디아라비아, 쿠웨이트, 바레인, 카타르, 오만과 같은 걸프 국가들이 아시아와 남반구 국가들의 부상, 그리고 다극화된 세계의 등장과 함께 경제, 금융, 정치, 외교의 새로운 중심지로 전환되고 있는 결과다.

아랍에미리트와 사우디아라비아와 같은 걸프 국가들은 세계무대에서 중요한 위치를 차지하고 있다. 현재 아랍과 중동에서 이들 국가의 영향력과 존재감은 점점 커지고 있다. 만약 과거에 세계가 이들을 작고 소외된 국가로 여겼다면, 이제 이 국가들은 빠르게 성장하는 지역의 강국으로 등장하며, 영향을 받는 쪽에서 오히려 영향력을 행사하는 세력으로 변모했다. 그들은 주변 사건에 영향을 받던 나라에서 지역 및 지리적 이웃에 변화를 가져오는 나라로 바뀌었다.

걸프 도시들은 현대의 새로운 아랍 대도시 그리고 떠오르는 중동의 중심지가 되었다. 예를 들어 두바이는 현대에서 가장 세계화된 도시 중 하나로, 세계의 주요 금융 및 비즈니스 중심지로서 재능 있는 젊은 인재를 끌어들이고, 해외직접투자를 성공적으로 유치하며, 초국가 은행과 기업의 지점을 개설하는 데 있어서 유럽과 아시아의 대도시들과 경쟁하고 있다. 그 결과 2023년 관광객 수에서 세계 2위를 차지했다. 이런 성과들은 이 책에서 다루고 있는 '걸프의 순간'이라는 주제를 입증해준다. 이 책이 동아시아에서 아랍에미리트의 주요 파트너 중 하나인 한국에서 독자들에게 소개될 수 있게 된 것은 이런 결과의 일환이다.

따라서 이 책의 한국어판 발간은 아랍에미리트와 한국 사이의 관계가 모든 분야에서 큰 발전을 이루고 있는 현시점에 더욱 반갑게 느껴진다. 두 국가는 무역, 기술, 전략적 파트너십 강화를 추구하며, 안보 및 군사 협력 확대를 희망하고 있다. 이것은 2018년에 체결된 포괄적 특별 전략적 동반자 협정을 이행하기 위한 것이다.

아랍에미리트는 이런 한국과의 특별한 전략적 동반자 관계를 매우 자랑스럽게 여기고 있다. 《걸프의 순간》이 한국어판으로 발간되는 것은 앞으로 더욱 번창할 것으로 기대되는 한국과 아랍에미리트 간 연구 및 학문 분야 관계에 새로운 영역을 확대할 것으로 생각한다.

한국과 아랍에미리트 간의 지리적 거리는 7,100㎞ 이상이다. 한국은 아시아 대륙의 동쪽에 위치하고 있고, 아랍에미리트는 아시아 대륙의 서쪽에 위치하고 있다. 아시아는 세계에서 가장 큰 대륙이라 할 만하다. 한국은 깊이 있고 찬란한 아시아 문화권에 속해 있으며, 아랍에미리트는 아랍 공동체의 고귀한 문화와 문명의 일부분을 차지하고 있다. 아랍 공동체는 인류의 문명적 그리고 문화적 발전에 크게 이바지했다. 한국과 아랍에미리트는 두 가지 다른 문화와 문명을 지니고 있으며, 지리적으로는 멀리 떨어져 있지만 공통점도 많다. 아랍에미리트는 서아시아와 아랍 국가들에 발전과 지식의 기준이 되는 나라로, 한국은 동아시아와 아시아 전체를 아우르며, 발전과 지식의 기준을 제시하는 나라로 각자 떠오르고 있다.

한국과 아랍에미리트 모두 지리적으로 중요한 위치에 있어서 부상하고 있는 나라들이다. 아랍에미리트는 아랍 청년들이 살고 싶고 일하고 싶어하는 국가이며, 아랍 청년들은 자신들의 국가가 아랍에미리트처럼 안정적이고 번영하며, 개방적이고 관용적이며, 세계적인 영향력을 가지길 바란다. 비슷하게 한국도 자신의 지역에서 부상하고 있는 힘을 가지고 있다. 아랍에미리트는 약소국의 범주를 넘어 현대 세계에서 중견국으로 부상했다. 한국과 아랍에미리트는 각각 세계에서 떠오르는 소프트파워로, 한국은 소프트파워 지표에서 전 세계 12위, 아랍에미리트는 15위를 차지했다.

또한 아랍에미리트와 한국은 비슷한 안보적 문제를 겪고 있다. 한국은 핵무기를 가진 복잡한 북한과 인접해 있고, 아랍에미리트는 미사일과 핵 개발 능력을 지닌 이란과 이웃하고 있다. 이란은 아랍에미리트에 속한 세 개의 섬을 1971년부터 점령하고 있고, 이와 유사하게 일부 국가는 한국의 섬을 자신의 섬이라고 주장하고 있다.

한국은 대만 문제, 동중국해와 남중국해의 여러 섬의 영유권 분쟁 등으로 안보적인 혼란 상태에 처해 있는 지역에 위치하고 있으며, 아랍에미리트도 안보적으로 혼란하고 정치적으로 불안정하며 무장 테러 단체들로 둘러싸인 지역에 위치하고 있다.

그리고 마지막으로 한국과 아랍에미리트는 미국과 가까운 동맹국이자 파트너 관계를 맺고 있어, 이는 둘 다 국방 및 안보 관계가 외교 정책의 핵심 요소라는 공통점을 가지고 있다. 그러나 이런 관계는 21세기의 미국과 중국이 세계의 패권을 놓고 벌이는 긴장 고조 상황을 중심으로 글로벌 지정학의 변화를 맞이하며 분기점을 지나고 있다.

이 책의 한국어판 발간이 양국 간의 건설적인 학문 교류와 대화를 강화하는 데 기여하길 희망한다. 양국은 모든 분야에서 파트너십 강화를 희망하고 있으며, 이 자체로 나는 더할 나위 없이 기쁘다.

이 책의 한국어판 발간이 아랍에미리트와 한국 사이의 특별한 관계를 강화하는 데 더욱 기여하는 진실된 공동의 학문 및 연구 활동의 시작점이 될 뿐만 아니라 현대 세계사에서 황금의 시간을 살고 있는 아시아 대륙에 속하는 선구적인 발전 모델 국가로 평가할 수 있는 양국 사이의 수많은 공통점을 더 잘 이해하는 데 기여하길 바란다.

2023년 7월

아랍에미리트, 두바이에서

압둘칼리끄 압둘라

차례

1장

역사와 이론적 근원

아랍의 중심으로 떠오른 걸프

세계적 맥락

이론적 틀

역사적 발전

새로운 걸프의 모습은 걸프의 순간이라는 전문 용어를 만들어냈다. 21세기 아랍 세계에서 가장 중요한 현상 중 하나로 경제, 정치, 사회, 문화, 언론의 중심이 사우디아라비아, 아랍에미리트, 카타르, 쿠웨이트, 오만, 바레인의 6개 걸프 국가로 이동한 것이다. 6개 걸프 국가의 아랍 사안에 대한 역할은 증가했고, 이들 국가의 영향력 또한 높아졌다. 또한 아랍 전역의 공동 이슈에서 이들 6개 걸프 국가의 중요성도 인정받고 있다. 이는 현대 아랍 역사에서 걸프의 순간이 등장하고 있음을 뚜렷하게 보여주는 증거다. 걸프의 파급력은 아랍 전체 국가들보다 더 크다고 할 수 있다. 6개 걸프 국가의 영향력은 다른 16개 아랍 국가보다 더 중요하다. 걸프의 비중은 다른 전체 아랍 국가 모두를 합친 것과 거의 비슷한 수준이다.

　아랍 전역이 걸프에 미치는 영향보다 걸프가 아랍 전역에 행사하는 힘, 영향력, 역할이 더 크고 중요해진 것은 현대 아랍 역사에서 전례를 찾아볼 수 없는 질적인 전환을 보여준다. 하지만 아직 아무도 이런 현상 자체에 대한 깊은 성찰을 시도한 바 없다. 20세기 대부분의 시간 동안 아랍 세계의 주무대에서 변방에 머물렀던 걸프는 빠른 속도로 주변부에서 중심부로 이동하며 경제, 정치, 지식 분야에서 리더십을 발휘하고 있다. 주요 자료와 지표들에 따르면 걸프의 순간이 일시적인 현상이 아니라 앞으로도 계속될 것이며, 최소한 21세기에는 걸프 국가가 강한 소프트파워와 하드파워를 보유하고, 중요한 위치를 차지할 것으로 전망된다.

아랍의 중심으로 떠오른 걸프

20세기 수십 년 동안 걸프는 주변 아랍 지역에서 벌어지는 사건들에 목소리를 내지 못했다. 불과 얼마 전까지만 해도 걸프는 적극적이지 않았고, 영향력도 부족했으며, 독립성이 낮았다. 주변 아랍 국가들과 유기적으로 연결되어 있음에도 걸프는 주변에서 발생하는 변화에 종속되기만 하거나 이에 대한 통제력이 부족했다. 하지만 수 세기 만에 처음으로 걸프는 그들의 능력, 운명, 미래를 스스로 책임지고 통제할 수 있게 되었다.

과거 걸프는 취약하고 분열된 지역으로, 아직 자신의 실체를 형성하는 과정에 있는 지역이었다. 사람들은 걸프를 이야기하는 것을 즐겨하지 않았고, 별다른 관심도 없었으며, 걸프의 역할과 요구를 크게 신경쓰지 않았다. 오랜 세월 동안 걸프는 큰 의미가 없는 지역으로, 아랍 지역에서나 전 세계적으로나 탁월한 리더십이 발휘될 수 있는 요소들을 갖추지 못했다.

하지만 이런 걸프에 대한 오랜 저평가는 현대 아랍 역사에서 걸프의 순간이 출현하면서 막을 내렸다. 이제 이 흐름은 되돌릴 수 없을 것이다. 21세기는 아랍 역사에서 걸프의 세기로 완전히, 그리고 철저히 바뀌었다. 이는 새로운 시대가 오면서 걸프의 힘은 점점 강력해지는 반면에 주변의 아랍 국가들은 힘이 약해져 걸프를 넘어서기 어려워졌음을 의미한다. 이제는 걸프의 이해관계와 우선순위를 신중히 고려하지 않은 채 아랍 세계에서 일어나는 현상들을 제대로 이해하기란 불가능한 상황이 된 것이다.

약 20년 전만 해도 현대 아랍 역사에서 걸프의 순간이라는 개념은 판타지 소설 속의 이야기 같았다. 실제로 새로운 세기에 들어서도 걸프가 아랍 전역에 영향을 미칠 것이라는 주장은 신빙성이 떨어지는 허무맹랑한 말과도 같았다. 석유, 재정 및 정치적 안정, 그리고 지역 공동체의 형성에도 불구하고 걸프는 영향력을 행사하는 데 주저했고, 20세기 대부분의 시기에 자신의 존재를 아랍의 무대에서 의도적으로 드러내지 않았다. 그러나 그 이후 걸프는 저 멀리 아랍의 수평선 너머에서 막대한 경제적·투자적 성과를 쌓아가며 부상했다. 경제, 금융, 석유의 위력은 상당했지만, 일부 예외적인 경우를 제외하고는 20세기 후반까지 정치적 영향력을 행사하려 하지는 않았다.

걸프 국가들은 천천히 발전하기 시작했다. 때로는 이목을 끌기도 했으며 주요 행사에서 빛을 발하기도 했다. 한편으로는 정치적 이득을 바라지 않고 민족적 의무로서 관대한 재정 원조를 제공하면서 묵묵히 뒤에서 소임을 다했다. 또한 걸프 국가들은 지역적 리더십 역할을 하겠다는 의욕이 크지도 않았다. 걸프 국가들은 아랍의 전통적인 지도자들과 경쟁하려는 의지도, 능력도, 필요성도 느끼지 못했다. 20세기 대부분의 시간 동안 재정 원조 제공만으로는 정치적·이념적 논쟁으로 가득한 복잡한 아랍의 정책 결정 과정에서 리더십을 발휘하거나 파급력 있는 영향력을 행사하기 어려웠다.

하지만 이 모든 것은 새로운 21세기가 도래하면서 완전히 바뀌었다. 걸프 국가들은 강력한 존재감을 발휘하기 시작했다. 걸프 수도들의 영향력이 돋보이기 시작했다. 아랍 세계의 정책 결정 과정에서 걸프의 지도자들은 더욱더 중심적인 역할을 수행했다. 더 이상 대리자 위치에 머무르지 않았다. 걸프 국가들은 자신감을 갖고 직접적으로 소프트파워, 하드파워, 집단적 파워를 행사하기 시작했다. 걸프가 아랍 세계 전체의 핵심 이슈에 개입할 수 있는 재정력과 군사력을 동원하기 시작했다.

21세기가 시작된 이후 20년이 지난 시점에서 인구, 지리, 역사, 지식, 지도력을 바탕으로 아랍 지역에서 소프트파워와 하드파워 강국으로서 지위를 행사했던 이집트, 시리아, 이라크가 주변부로 밀려났고, 그 후 아랍의 경제, 외교, 언론의 중심은 확고하게 걸프로 이동했다. 새로운 세기의 시작과 함께 국가의 운명이 본질적으로 바뀌었다. 아랍 전역의 세력이 걸프로 쏠리는 근본적인 힘의 불균형이 발생한 것이다. 일부 마그레브, 아프리카 북서부 지역의 아랍 국가를 포함해 전통적인 아랍 강국의 도시들은 빛을 잃어갔다. 그들의 존재감이 줄어들면서 영향력도 감소했다. 이 같은 아랍 국가들의 쇠퇴와 동시에 걸프의 놀라운 성장이 이루어졌다. 걸프의 부상과 존재감은 석유와 재정적 자원 덕분만은 아니다. 이것은 지난 25년 동안 진행된 지속적인 걸프의 협력과 걸프 국가들의 아랍 지역에서 영향력 확대 노력, 그리고 세계적인 강국으로 도약하려는 야심에 찬 젊은 지도자들의 등장에 힘입은 결과였다.

걸프의 순간은 반세기 동안 이루어진 개발 노력이 축적된 결과물로 볼 수 있다. 걸프 국가들은 지난 40년 동안 경제 번영, 정치적 안정에 힘입어 걸프 역내 협력을 이루어냈다. 걸프 국가들은 세속 왕정 제도의 역사적 합법성도 마련할 수 있었다. 그 결과 새로운 변화에 대한 적응력 및 수용 능력을 갖추게 되었고, 대외적인 위험에 유연하고 굳건하게 대처할 수 있었다. 걸프 국가들은 그들이 지닌 자원을 최대한 잘 활용해 이런 업적을 이루어낼 수 있었다. 이런 요인이 마침내 걸프 국가들이 자신의 성과를 자랑스러워할 수 있는 원동력이 되었다. 걸프 국가들은 자신의 운명을 결정할 수 있게 되었다. 그리하여 걸프 국가들은 어려운 시기를 지나 그들이 속한 아랍 지역을 이끌어 갈 수 있게 되었다. 이와 함께 걸프의 젊은 지도자들은 자신감을 갖고 외부 세계에 자국을 개방하고, 투자 기회를 적극적으로 활용했다. 동시에 지식과 기술을 세계화하는 데 주저하지 않으며 글로벌 강국 및 주요 신흥국들과 전략적 네트워크를 강화해 나갔다.

이런 모습은 걸프의 순간이 강력한 재정 능력, 안정적인 정치 상황, 그리고 야심 찬 지도자들에 의해 뒷받침되는 튼튼한 기반 위에 세워졌음을 보여준다. 걸프의 순간은 일시적으로 쉽게 사라져버릴 허상이 아니다. 곧 사라질 거품이나 순식간에 없어질 현상이 아닌, 21세기 아랍 세계에서 가장 눈에 띄는 특징 중 하나로 지속 가능한 창시의 순간이다. 걸프 국가들은 아랍 전 지역의 국가들보다 더 적극적인 역할을 하고 있다.

과거 역사적 순간에서 국가 이익과 미래 비전에 따라 아랍의 주요 문제를 결정하던 가말 압델 나세르* 당시의 이집트와, 그리스와 이집트 사이의 동지중해 연안 지역인 레반트, 모로코 · 알제리 · 튀니지 · 리비아 등 아프리카 북서 지역인 마그레브의 일부 국가들이 가지고 있던 매력적인 에너지를 거부할 수 없었던 것처럼 오늘날 걸프의 순간도 부인할 수 없는 수준의 매력적인 에너지를 뿜어내고 있다. 힘의 균형은 바뀌어, 현재 걸프의 일부 국가들은 아랍의 봄 이후로 소프트

가말 압델 나세르　1952년 자유장교단의 일원으로 군사혁명을 일으키는 데 성공했다. 1956년 이집트의 대통령이 되어, 아랍민족주의를 주창하며 아랍 세계를 대표하는 카리스마적 지도자가 되었다. 1955년 반둥회의에 참석하며 비동맹운동을 주도했다. 그의 민족주의 운동은 커다란 반향을 일으켜 나세리즘으로 불리기도 한다. 1970년 심장마비로 사망하기까지 그는 아랍 세계를 대표하는 민족주의 지도자였다.

파워에서 하드파워 강국으로 변화했다. 걸프 국가들은 국가 이익과 미래 비전에 따라 아랍의 의제를 조율하고, 이를 책임지는 자세를 갖추었다.

시간이 흐를수록 아랍인들의 의식 속에서 걸프의 존재감과 영향력이 커지고 있다. 아랍 세계와 글로벌 환경에서 걸프의 정치적 역할이 확대되고 있는 것이다. 걸프가 아랍 지역과 세계무대에서 팽창해나가는 동안 다른 아랍 국가들은 그동안 쌓인 피로로 조기에 노화 현상이 나타나는 것처럼 위축되기 시작했다. 걸프는 인생의 청춘기나 황금기에 있는 것처럼 적극적이고, 역동적이며, 활기가 넘치고 있다. 이런 점에서 훗날 역사는 21세기의 시작과 함께 다른 아랍 세계가 쇠락의 길로 들어가며 역사적 책무를 놓아버렸지만, 새로 독립한 걸프 국가들이 모든 역사적 책무를 맡아 앞서서 이끌었다고 기록할 것이다. 걸프가 지속적으로 발전해 나아가는 동안 전체 아랍 세계가 상대적으로 쇠퇴하고 있는 역사적 변화는 현대 아랍 역사에서 걸프의 순간이 출현하는 역사적 맥락을 압축한 핵심이 되고 있다.

50년 전만 해도 걸프 국가는 아랍 세계에서, 또는 국제적으로 볼 때 거의 존재감이 없었다. 실제로 그들은 "제대로 교육도 받지 못한 채 불모의 황량한 사막에서 천막생활을 하며, 자신들의 발아래에 세계 최대의 유전이 존재한다는 사실조차 몰라 가난 속에서 간신히 삶을 살아가는 유목민들"로 묘사되었다. 반세기 전, 근본적으로 걸프 국가란 없었다. 단지 토후국, 셰이크돔, 부족만이 있었을 뿐이다. 그들은 근근이 삶을 이어갔다. 일부는 석유 수익을 기반으로 살아가기도 했지만, 그들에게는 석유 자원과 지대 추구 경제 외에는 리더십을 발휘할 힘이 없었다. 그런데 이 모든 것마저 걸프와 아랍 세계가 혜택을 누린 것이 아니라 오히려 서방 세계가 훨씬 큰 이익을 누렸다. 그러나 지금은 두바이와 같은 걸프의 성장하는 도시들이 아랍 도시의 롤모델로 자리잡았다.

아랍인들이 이라크, 레반트, 이집트, 그리고 아프리카 북서 지역인 마그레브에서 편안한 삶을 누렸고 걸프인들이 이를 부러워했던 시절은 과거 세대의 걸프 사람들에게는 최근의 기억으로 남아 생생하다. 그 시절 걸프인들은 힘겨운 삶을 살아가야 했다. 석유의 발견은 걸프의 어려움을 해결하고 평온한 시대를 열어주었다. 하지만 지구상에서 가장 큰 석유 매장량을 보유한 걸프 국가들은 더 이상 20세기 방식으로 석유에 의존하려 하지 않는다. 걸프 국가들은 교육, 보건, 인간 복지, 인프라에 엄청나게 투자했다. 그 결과 걸프는 석유 지대추구 국가*의 한계를 극복할 수 있었다.

지대추구 국가 석유, 천연가스 등 국가 재정의 상당 부분이 지대(地代) 수익으로 충당되는 국가를 의미한다. 지대추구 국가에서는 재정 수입이 국가로 직접적으로 들어가기 때문에 국가가 지대 수입의 통제자이자 분배자로서 역할을 담당하게 된다. 지대추구 국가에서 정부는 국민에게 석유 수익을 배분하며, 복지를 제공함으로써 대중들의 불만을 잠재우고 국가에 대한 충성을 확보한다. 한편 지대추구 국가는 민간 부문의 위축 및 공공 부문 비대화와 같은 여러 가지 문제점을 낳고 있다. 이런 면에서 오늘날 지대추구 국가의 성격을 갖는 중동의 산유국들은 미래 비전을 제시하며 산업 다각화를 통해 비석유 부문을 육성해 탈석유 시대를 준비하고 있다.

현재 걸프는 아랍 국가들 중에서 가장 큰 경제 규모를 자랑하고 있다. 이는 단순히 아랍 경제와 비교했을 때만이 아니라 글로벌 금융경제의 개방성, 연결성, 그리고 경쟁력을 갖춘 국제 기준에 따른 평가라고 할 수 있다. 걸프는 가장 역동적이고, 경쟁력 있는 경제로 성장하고 있다. 세계 최대 규모의 국부펀드를 보유하고 있으며 오랜 역사를 가진 대형 글로벌 항공사들과 경쟁하는 항공사를 운영하고 있다는 것은 걸프의 부상하는 경제력을 입증하는 증거다.

걸프의 사회와 경제는 아랍의 명망가들에게 매력적인 장소로 여겨지고 있다. 많은 아랍 유력 인사들이 유럽, 미국, 캐나다, 호주와 같은 전통적인 이주 선호 국가 대신 걸프로 이주를 선호한다. 걸프는 전 세계 가장 부유한 사람들로부터 호감을 얻는 매력적인 장소로 아랍 세계에서 가장 많은 관광객을 유치하고 있다. 한편 다른 아랍 국가들은 분열된 상황 속에서 좌절감을 느끼며 방향성을 상실한 상태다.

과거에는 이집트, 레바논, 이라크, 시리아가 수준 높은 삶의 질과 복지를 상징했다. 하지만 현재는 복지, 삶의 질, 보건, 우수한 인프라, 입법과 기술 부문은 모두 걸프의 주요 가치가 되었다. 이런 가치는 걸프의 순간을 뒷받침하는 중요한 원동력이 되고 있다. 한때는 이런 가치가 레반트와 마그레브 국가들의 힘의 원천이었다. 당시 이집트, 이라크, 레바논, 튀니지, 알제리는 매력이 넘치고 존중받는 국가였다. 이집트의 수도 카이로는 역동성이 넘치는 젊음과 꿈의 도시였다. 이집트의 가말 압델 나세르는 가장 존경받고, 영향력이 큰 아랍의 지도자였다.

그러나 이 모든 것이 21세기에 들어 걸프로 이동했다. 걸프의 국가, 도시, 기업, 기구 그리고 대학들이 상대적이고 절대적인 우위를 누리고 그 자리를 즐기고 있다. 걸프의 순간이 의미하는 것은 이집트, 시리아, 수단, 리비아에서 연상되는 실패, 경기침체, 패배의 연속이 아니다. 걸프의 순간은 성공과 개방을 상징한다. 오늘날 아랍 르네상스는 근심 속에 무거운 부담을 짊어진 전통적인 아랍의 수도, 도시, 국가, 사회가 아니라 걸프의 도시, 수도, 국가, 사회와 관련이 있다. 즉 걸프의 순간은 개인과 사회 발전, 삶의 질과 생활 지표 측면에서 최근까지 그 누구도 상상하지 못한 수준으로 상당히 성숙한 수준에 도달했음을 확인시켜준다.

이런 발전 지표 및 집단적 힘의 중요성과 함께 걸프의 순간의 원동력은 먼저 정치적 안정에 있다고 할 수 있다. 정치적 안정감이 걸프 국가들이 다른 아랍 국가들도 가지지 못한 엄청난 규모의 영향력을 발휘할 수 있게 했다. 경제적 번영과 정치적 안정을 겸비한 걸프가 사회적으로 분열되고, 정치적으로 파편화된 아랍 공동체에 큰 영향력을 발휘하는 것은 어쩌면 당연하다. 국제관계 이론은 내부적 안정과 외부적 영향력의 행사 간에 유기적 관계가 있다고 설명한다. 국내적으로 안정된 국가들은 지리적으로 이웃한 국가들뿐만 아니라 전 세계적 수준에서도 영향력을 발휘할 수 있다. 걸프 국가들이 누리는 내부의 정치적 안정, 그리고 이들의 국가, 도시, 수도, 기업, 그리고 야심

차게 전진하고 있는 걸프의 지도자들이 아랍의 주요 사안에 영향력을 행사하며 중요한 역할을 하고 있다.

주요 아랍 국가들 대부분은 정치적 안정, 경제적 번영, 그리고 사회적 결속을 이루지 못했다. 리비아, 예멘, 수단, 튀니지, 알제리뿐만 아니라 시리아, 이라크, 레바논, 팔레스타인은 이전부터 지금까지 변함없이 힘든 시기를 겪고 있다. 따라서 이 국가들은 아랍의 역사 중심에서 밀려났고, 힘의 균형 변화 속에서 고립되고 퇴보했다. 아랍의 봄의 격동기를 겪은 이집트는 현재 더 이상 아랍 정책 결정의 중심국으로서 역할을 다하지 못한다. 역량, 능력, 리더십, 고대문명, 천연자원, 인적 자원 등 모든 분야에서 걸프의 작은 국가가 이집트에 미치는 영향력이 이집트가 카타르 같은 걸프의 작은 국가에 미치는 영향력보다 더 중요해졌다는 사실은 다양한 지표를 통해 확인된다. 이런 지표들은 이집트에 비해 카타르의 영향력이 더 커졌다는 것을 나타내며, 이것만으로 아랍 역사에서 걸프의 순간이 도래하고 있다는 증거가 될 수 있다.

게다가 시리아와 이라크 역시 더 이상 정치적 영향력과 지도력을 발휘하기 어려운 상황이다. 여기에 마그레브 지역의 아랍 국가들이 움마*의 외곽에 머물러 있기를 선택함에 따라 그들의 역할은 급격히 줄어들었다. 마그레브는 더는 마슈리크, 즉 이집트와 시리아 등의 중동 지역에서 일어나는 사건에 주의를 기울이지 않고, 아랍의 주요 이슈에 집중하기보다는 비개입을 선호하고 있다. 유일하게 걸프 국가들만

이 아랍 세계의 어려움을 짊어지고 책임지려 하고 있다.

전통적인 아랍의 도시들은 의도했든 그렇지 않든 리더십의 위치를 걸프에 넘겨주었다. 걸프 국가들은 상대적으로 안정과 번영의 길을 걷고 있다. 그들은 분열과 좌절로 인해 희망을 잃어버린 아랍 세계의 정치 질서를 복원하고, 보호하며, 최소한의 안보, 안정, 번영, 그리고 절제를 회복하기 위한 리더십을 발휘하고 있다.

세계적 맥락

걸프의 순간은 아랍 역사에서 이전에는 볼 수 없던 현상으로, 과거 아랍 세계를 주름잡았던 국가들이 쇠퇴하고 붕괴하면서 등장했다. 더불어 걸프의 순간은 글로벌 역사에서 세계화의 시대와 상호 연관되어 나타났다. 걸프의 순간이 새로운 시기가 시작한 후 초반 20년 동안 등장하듯 세계화의 순간도 21세기 밀레니엄 시대의 개막과 함께 등장

움마 아랍어로 '공동체'를 의미하는 움마는 통상 아랍 및 이슬람 세계에서 공통의 정체성을 공유하는 초국가적인 집단을 지칭할 때 사용된다. 일례로 이슬람에서 '움마'라 하면 공통의 종교적 신념을 가진 무슬림들의 연합이라는 개념을 나타낼 때 쓰이고 있다. 따라서 이슬람 세계 최초의 움마는 AD 7세기에 예언자 무함마드에 의해 메카와 메디나를 중심으로 세워진 것으로 평가된다. 아랍 국가를 다루는 이 책에서 '움마'는 아랍 세계에서 공유되는 의식을 지닌 초국가적 공동체를 의미하는 용어로 사용되고 있다.

했다. 새로운 세기는 지식, 과학 혁명, 기술 혁명의 시대라고 할 수 있다. 이데올로기의 시대는 끝났다. 일부는 더 나아가 과거의 시간은 막을 내리고 세계는 문명의 충돌이라는 새로운 시대에 접어들었다고 말하기도 한다.

세계화의 순간은 21세기를 앞둔 마지막 10년 동안 급속도로 진행되었다. 그리고 지난 20년간 새로운 세계의 상황을 보여주는 일련의 지각변동이 생겨났다. 소비에트연방이 무너졌고, 공산주의가 끝났다. 베를린 장벽이 무너졌으며, 아시아 대륙이라는 새로운 세계 파워가 등장했다. 그리고 미국과 소련이 주도하는 양극화 체제도 끝이 났다. 과학기술 혁명이 발생했으며, 인터넷이 확산되었다. 그리고 소셜네트워크가 퍼져나갔다. 세계는 지리적·정치적 경계를 허물었으며, 국가 간 거리감도 줄어들었다. 그 결과 국가들은 세계무대로 진전할 수 있었다. 지구 동쪽에서 일어나는 일을 지구 반대편에서 매순간, 매초마다 바라보고 모니터링할 수 있게 되었다.

세계화라는 용어의 등장은 새로운 역사적 순간에 대한 인식에서 등장했다고 할 수 있다. 국가 간 장벽이 낮아져 세계는 하나가 되었다. 또한 세계가 빛의 속도로 매우 빠르게 축소되어 그 속도를 감지할 수 없는 수준에 이르렀다. 그 결과 세계 경제는 통합되었고 사회는 서로 연계되었다. 각 국가들은 더욱 가까워졌고 서로 문화를 개방했다. 세계적으로 공유할 수 있는 흥미, 인식, 감정이 생겼다. 인류는 하나의 지구에 속하게 되었다. 세계화의 순간은 끝없는 지식의 영역을 펼쳐주었으며 전례 없는 투자 기회를 제공했다. 또한 놀라운 세계화의 결과물들을 보여주었다. 하지만 이런 긍정적 경험만큼이나 세계화는 지역적·세계적으로 불평등을 심화하는 데도 일조했다. 세계화의 시대는 지역적, 전 지구적으로 부유한 자들은 더 부유해지고 가난한 자는 더 가난해지는 불평등을 증폭시키고 빈부 격차를 심화시켰다.

　세계화의 정체성과 본질이 무엇이든 세계사에서 세계화의 순간과 아랍 역사에서 걸프의 순간의 출현은 상호 연관성을 갖는다. 두 순간의 동시 등장은 걸프의 순간이 세계화의 순간을 절묘하게 포착하고 이용하려는 노력을 반영한다. 걸프 국가들은 빈부 격차의 심화, 전통과 관습의 소멸 등 세계화를 명분으로 세계적 확장이 이루어지면서 나타난 지역적 가치의 소외와 같은 세계화의 부정적인 효과를 최소화하면서 세계화의 순간을 최상의 투자 기회로 활용하고자 노력했다.

　지난 20년 동안 세계화에 소극적으로 대처한 다른 아랍 국가들보다 걸프 국가들이 훨씬 적극적이고 더 많은 영향력을 발휘했다는 것은 의심의 여지가 없다. 걸프 국가들은 세계화의 물결에서 멈칫한 다른 아랍 국가들과 달리 세계화의 흐름에 적극적으로 동참하고, 세계의 주요 도시 및 금융·비즈니스 중심지와 연계성을 강화했다. 그 결과 걸프의 도시들은 아랍 지역에서 가장 국제화된 도시로 발전되었다. 나아가 세계에서 가장 국제화된 도시 순위에도 이름을 올렸다. 따라서 다수의 아랍 국가들이 세계화에 부정적인 시선을 가지고 세계화를 추종하려 하지 않았던 반면에 걸프 국가들은 망설임 없이 세계화의 질서를 긍정적으로 받아들이며 새 시대에 참여했다. 이런 걸프의 적극적인 태도는 자신에게 긍정적인 영향을 끼쳤으며, 반면에 다른 아랍 국가들은 세계화로 인해 부정적인 영향을 받을 수밖에 없었다.

지난 20년 동안의 세계화는 적극적으로 움직이는 약소국이 신흥 경제 강국으로 거듭날 수 있게 하는 절호의 기회를 제공했다. 이런 국가들은 경쟁력을 갖춘 무역과 금융의 중심지로서 존재감을 강화할 수 있었다. 약소국의 지정학적 한계와 인구 규모에 상관없이 이 국가들의 존재감과 영향력은 지역 및 국제무대에서 증가했다. 아시아, 아프리카, 남미의 제3세계 국가들의 성공적인 발전 모델은 대부분 세계화의 흐름을 적극적으로 활용하고, 자유무역, 경제 개방, 기업 투자 촉진 등을 이행함으로써 이루어졌다. 또한 세계무역기구(WTO)가 제시한 조건을 수용하고 자유무역의 원칙, 경제 개방 및 다국적기업의 투자 유치, 사유화 정책 등 신자유주의 경제정책을 수용했다. 이런 발전 모델을 채택하고 놀라운 성과를 이룬 국가들에는 아시아의 호랑이로 불리는 싱가포르, 홍콩, 대만, 한국, 말레이시아와 인도네시아가 있다. 그리고 중국과 인도가 뒤따른다. 그 이전부터 앞선 일본과 같은 국가도 있다.

이런 신흥 아시아 호랑이들은 세계화의 순간에 주저하지 않았다. 과감히 개방을 선택함으로써 수십 년 동안 발전이 침체되어 있던 아시아 대륙을 세계의 경제, 금융, 상업의 중심지로 전환시켰다. 그 결과 21세기는 아시아의 세기가 되었다. 세계화의 순간을 경험하는 것은 아시아의 순간을 경험하는 것과 같다. 현대 세계의 역사에서 아시아의 순간은 단극의 시대가 끝나고, 미국의 일방주의와 패권이 쇠퇴하며, 포스트 아메리카의 세계 질서가 형성되는 가운데 나타나고 있다.

걸프의 순간은 세계화의 순간, 아시아의 순간의 등장과 맥락을 함께한다. 그리고 걸프가 아랍의 영역인 것과 동시에 아시아 영역의 일부라는 걸프인들의 의식도 등장했다. 걸프는 아시아의 일부로, 지리적으로 서아시아에 위치하며, 아시아 경제의 연장선상에 놓여 있다. 아랍 역사에서 걸프의 순간은 걸프에서 아시아의 존재감이 커진 만큼 아시아의 정체성, 영향력도 가지고 있다. 걸프 국가는 아랍, 유럽, 미국, 서방에 등을 돌리지 않으면서도 동시에 동쪽의 아시아로 진출하려는 노력을 함께 기울였다. 걸프 국가들은 인도, 중국, 한국, 일본 등 다른 아시아 국가들과 무역, 석유, 투자 관계를 강화하며 아시아 발전 모델의 혜택을 얻고자 한다. 예를 들면 아랍에미리트는 한국과 핵에너지, 의료, 교육, 국방, 우주산업, 위성 등의 분야에서 전략적 파트너십을 강화했다.

걸프 석유의 70%가 유럽과 미국이 아닌 아시아 시장을 향하고 있다는 사실은 걸프가 아시아를 중요하게 생각하고 있다는 것을 보여준다. 걸프 노동력의 60%는 아시아 국가들로부터 유입되고 있다. 또한 걸프 국부펀드 투자의 36%는 상업과 금융이 번성하는 아시아 대륙으로 이동하고 있다. 중국 공산품의 70%는 먼저 두바이 항구로 수출되고, 그 이후에 유럽, 아프리카, 중동으로 재수출되고 있다. 이렇게 걸프는 아시아로 회귀하고, 아시아 국가들을 알아가기 시작했다. 아시아 국가들도 서아시아의 새로운 이웃을 발견하고 걸프로 고개를 돌리기 시작했다. 아시아 국가들은 걸프 시장과 연대를 강화하고자 하며, 걸프를 중동과 아프리카 대륙으로 들어가는 진출 관문으로 바라보면서 걸프로 방향을 돌리게 된 것이다.

걸프 국가들 중에서 아랍에미리트는 지리적으로는 서아시아 지역에 위치하고 문명·정치적으로는 아랍에 위치하고 있다. 이런 아랍에미리트는 아시아 지역에서 최초로 아랍 경제의 호랑이가 되려는 야심을 품고 있다. 아랍에미리트가 위치하고 있는 아랍 지역은 문화 및 정치적으로 강국이 부족하다. 이들 아랍 국가들은 경제적 기회를 놓치고 세계화의 기회를 십분 활용하지 못했다. 일부 국가들은 심지어 세계화를 거부하는 경로를 선택하기도 했다. 세계화가 걸프에 미친 영향력은 일방적인 것이 아니었다. 세계화가 걸프의 순간에 미친 영향만큼 걸프의 순간은 세계화의 흐름에 영향을 미쳤다. 걸프의 석유와 국부펀드는 표준화의 기준이 될 만큼 글로벌 금융의 핵심이 되었으며, 걸프의 공항과 항공사들은 세계 항공산업에서 두각을 나타내는 새로운 중심지로 떠올랐다. 걸프 국가들은 2020년 두바이 엑스포, 2022년 카타르 월드컵 등 지구촌의 무역, 문화 축제를 성공적으로 개최했고, 아부다비는 국제재생에너지기구(IRENA)와 같은 국제기구 본부를 유치했다.

걸프 국가들이 이런 다양한 행사를 유치했다는 것은 세계화의 순간과 걸프의 순간이 서로에게 도움이 되는 이익을 가져올 수 있다는 것을 의미한다. 아랍과 중동의 어느 국가도 걸프가 한 것처럼 많은 자금과 그 이상의 것들을 필요로 하는 이런 행사를 개최할 수 없다. 즉 돈만으로는 충분하지 않다. 뉴욕, 런던, 모스크바, 파리, 도쿄, 쿠알라룸푸르, 로마, 서울, 브라질 상파울루, 남아공의 요하네스버그와 같은 금융과 비즈니스의 중심지들이 세계의 자본을 확보하고 있다는 사례를 통해 알 수 있다. 따라서 걸프는 자본 외에도 활발한 외교 활동, 잘 준비된 인프라, 정치적 안정성, 매력적인 도시, 그리고 역량과 능력을 확신하며 세계화의 과정에 참여했다. 또한 야심 찬 걸프의 젊은 지도자들이 존재한다. 이런 역량을 바탕으로 걸프의 수도들과 걸프에 위치한 세계적 기관들의 자신감은 최고조에 이르렀다.

걸프 국가의 협상력은 두 배로 증가했고, 어디에도 종속되지 않는다. 오히려 걸프는 글로벌 중심 국가와 동등한 위치를 누리며 공정한 대우를 받고 있다. 이는 EU 등의 무역 블록과 자유무역협정을 둘러싼 협상 과정에서 드러났다. 사우디아라비아의 2005년 세계무역기구(WTO) 가입은 12년 동안의 상호 간 무역협정에 기반한 균형 잡힌 협상의 결과물로 가능했다. 현재 세계화의 원칙을 따르는 걸프 국가들의 협상력은 지속적으로 강화되고 있으며, 이를 통해 걸프는 글로벌 권력의 핵심 국가들과 동등한 위치에서 대화의 파트너로 인정받고 있다. 걸프는 아랍의 중심을 넘어 세계의 중심으로 성장해가고 있다.

이론적 틀

세계화는 걸프의 순간의 새로운 지평을 열고, 정치학과 국제관계학에서 다루는 힘과 권력 개념의 변화를 불러왔다. 이런 이론의 재검토에서 약소국의 특성에 대한 정의, 국가 정체성에 대한 정의, 그리고 인구 및 영토 규모가 작은 국가가 언제 부상하는 중견국 혹은 강대국으로 인정받는지에 대한 주제가 주요한 내용을 이룬다. 세계화의 물결 속에서 북반구에서 남반구로, 대서양에서 태평양으로 세계의 중심이 이동했다는 관점에서 볼 때, 영토와 인구만으로 국가를 약소국으로 판단할 수 없게 되었다. 갑작스럽게 1만㎢의 작은 영토를 가진 국가가 50만㎢ 이상의 큰 영토를 가진 국가에 영향력을 발휘할 수 있게 되었다. 100만 명의 인구를 가진 국가가 8천만의 인구를 가진 국가의 안보, 안전, 번영에 영향을 미치게 된 것이다.

세계화의 순간은 절대 주권을 온전히 행사하지 못한 국민국가의 특성에 변화를 불러왔다. 절대 주권의 시대는 이제 끝났다. 세계화는 모든 국가가 세계의 다양한 사건과 정치적으로 상호 연관된 형태로 전환되도록 만들었다. 새롭게 생겨나는 글로벌 도전은 국가의 특성과 약소국 및 강대국 간 관계 원리, 힘의 개념을 재정립하는 데 영향을 미쳤다. 끊임없이 이어지는 기술, 과학, 정치적 변화와 다극화된 새로운 글로벌 정치경제 체제의 출현 속에서 힘과 영향력에 관한 새로운 개념들이 등장했고, 이로써 이론과 방법론의 재검토가 이루어졌다.

따라서 야심 차게 지역적, 전 지구적 역할을 추구하는 약소국들의 소프트파워와 스마트파워의 개념을 포함해 힘, 역동성, 매력에 대한 새로운 이론들이 제시되었다. 현대 아랍 정치 무대에서 대표적인 사례로는 걸프 지역의 영향력이 아랍 전체에 팽창하고 있으며, 걸프의 약소국들이 아랍의 지리적 범위를 넘어 소프트파워를 확장시키고 있다는 것이다. 이는 스마트파워와 소프트파워의 활용에 대한 두드러진 예로 평가될 수 있다.

소프트파워라는 용어는 세계화의 순간에 중요한 개념이며 21세기에 나타난 세계 질서의 가장 두드러지는 지표 중 하나다. 소프트파워는 강요가 아닌 설득의 힘과 관련되어 있다. 또한 발전의 성공, 매력의 가치, 효율적인 기술 발전과도 연관되어 있다. 소프트파워는 군사적 강압과 정치적 압박에 전적으로 의존했던 기존의 하드파워만큼 그 효과가 커지고 또 중요해졌다고 할 수 있다. 이제 각국은 하드파워와 소프트파워를 모두 이용해 이익과 목표를 실현할 수 있다. 하드파워의 지표와 소프트파워의 도구에 기반해 국가가 원하는 바를 조건에 따라 이룰 수 있다. 하지만 이 둘 사이에는 중요한 차이점이 있다. 하드파워는 힘을 이용해 타국의 행동을 유도하지만, 소프트파워는 증오, 압박 그리고 무력을 사용하는 것이 아니라 설득과 매력을 동원한 정치·도덕적 리더십을 통해 목표를 달성하고자 한다.

최근의 새로운 국제질서에서는 군사적인 하드파워를 갖춘 국가들의 입지가 상대적으로 줄어들었다. 그리고 경제력을 갖춘 소프트파워

에너지 및 군사 요충지로 알려진 카타르 도하의 할룰 섬.

카타르 국부펀드가 소유하고 있는 런던의 해로즈 백화점.

국가들이 강압을 사용하지 않고 힘의 공백을 메워나가며 영향력을 행사하고 있다. 일본, 한국, 독일, 스칸디나비아반도의 국가들은 군사력 사용을 자제하고 소프트파워를 통해 영향력을 행사하는 이런 트렌드에 부합하는 국가로 분류될 수 있다. 또한 걸프 국가들은 아랍 지역에서 외교, 언론, 문화, 기술력 등을 통해 소프트파워를 활용하고 있다. 걸프 국가들의 힘은 과거 혁명적인 아랍 공화국과 사회주의 국가들이 이데올로기적인 슬로건만 내세웠던 것과는 달리 성과를 바탕으로 하고, 자유경제에 대한 믿음을 기반으로 안정적이고 온건한 개혁주의 왕정 체제를 채택함으로써 얻어졌다.

새로운 세기의 도래와 함께 지역의 세력 균형은 변화했다. 소규모 영토와 인구를 가진 걸프 국가들이 부상해 주도적인 역할을 수행하고자 한다. 어떻게 작은 약소국 카타르가 알자지라 방송을 통해 아랍의 정치와 미디어에서 그토록 큰 영향력을 행사하게 되었을까? 카타르가 어떻게 천연가스의 부국으로 성장할 수 있었을까? 의문이 생긴다. 카타르는 143년 동안 생산 가능한 900조 큐빅 피트의 광대한 천연가스 자원을 보유한 국가로, 세계에서 가장 큰 액화천연가스 생산국이며, 큰 가스 운반선도 소유하고 있다. 이와 함께 석유화학제품의 생산량으로 세계 4위에 랭크되어 있다.

또한 어떻게 카타르와 같은 자그마한 나라가 인간 개발, 인터넷 속도, 광섬유 부문에서 아랍 세계 1위를 차지하고, 과학연구 프로젝트에 매년 60억 달러를 투자할 수 있었을까? 카타르의 오레두 그룹은 어떻게 63억 달러의 시장가치(2023년 기준)를 가지고 세계적인 통신회사로 도약했으며, 카타르는 무려 4,450억 달러(2023년 기준)에 달하는 엄청난 국부펀드를 보유하게 되었을까? 카타르는 어떻게 영국의 수도인 런던의 중심부에 있는 고급 백화점을 소유하고, 런던 주요 마천루 28%를 소유하게 되었을까? 이런 질문도 제기된다. 이것은 소규모 영토와 인구를 가진 약소국에서 볼 수 있는 일반적인 현상이라고 보기 어렵다.

더욱이 아랍에미리트와 같은 작은 나라가 어떻게 아랍에서 두 번째로 큰 경제를 구축하고, 해외무역 규모가 다른 아랍 국가들의 전체 금액을 뛰어넘게 되었을까? 아랍에미리트의 공항이 어떻게 국제 승객 수에서 역사 깊은 영국의 히스로 공항을 능가하며, 항공 화물 부문에서 세계 5위에 오를 수 있었을까? 아랍에미리트 항구는 전 세계에서 다섯 번째로 크며, 아랍에미리트는 세계 최대 수출국 30개국 중에서 19위에 올랐다. 중국에서 유럽, 아프리카, 아시아로 향하는 제품의 70%가 처음에는 자발 알리 항을 통해 이동하고, 미국이 아랍에미리트에서 수입하는 규모는 13억 인구를 가진 인도에서 수입하는 것을 능가한다.

작은 나라 아랍에미리트는 4개의 핵발전소를 건립했고, 아랍 지역에서 다섯 번째로 강한 군대를 보유하고 있다. 아랍 세계에서 가장 많은 다국적기업 본부가 아랍에미리트에 위치하며, 세계 두 번째로 큰 국부펀드를 소유하고 있다. 약 500개의 아랍 위성방송 채널도 보유하고 있다. 튀니지, 이집트, 레바논을 합친 것보다 더 많은 1,600만 명의 관광객을 매년 맞이하고, 전 세계에서 세 번째로 중요한 관광지에 이름을 올렸다. 아랍에미리트에서 매년 가장 많은 국제 콘퍼런스, 이벤트, 전시회가 열리고, 세계적인 명문 종합대학, 전문대학, 고등교육 기관의 캠퍼스가 자리하고 있다.

21세기 아랍에미리트는 단순히 약소국이나 중견국이 아니라 경제, 상업, 언론, 관광, 군사와 외교 분야에서 대국의 면모를 드러내고 있다. 아랍에미리트는 지역적 영향력과 존재감을 고려하면 결코 약소국으로 볼 수 없으며, 글로벌 수준에서도 원조 공여국 명단에 첫 번째로 이름을 올렸다. 열악한 아랍 환경 속에서도 아랍에미리트는 약소국의 특징을 보이지 않았다. 오히려 다수의 지표를 통해 알 수 있듯이 아랍에미리트는 누구도 초월할 수 없는 수준의, 전체 아랍 국가가 가진 영향력에 버금가는 역내의 신흥 세력이 되었다.

이 모든 것은 세계화의 순간의 관점에서 약소국과 강대국의 개념, 그리고 힘과 영향력의 근원에 대해 다시 생각해봐야 한다는 것을 일깨워준다. 걸프의 순간은 무(無)에서 시작되지 않았으며, 무(無)를 향해 나아가지도 않는다. 걸프의 순간이 여러 중요한 단계를 거쳐 왔다는 사실을 알아야 한다. 21세기 초에 명확하고 강력하게 등장하기 전까지 지난 50년 동안 걸프 지역은 실로 많은 어려움을 극복했으며, 험한 장애물을 넘어섰고, 그 과정에서 오르막과 내리막의 굴곡을 모두 겪었다.

역사적 발전

아랍 세계와 글로벌 수준에서 볼 때, 걸프의 순간은 하루아침에 일어난 것이 아니다. 걸프의 순간은 힘든 탄생, 어려운 시기, 인내의 시간을 거쳐 이루어졌다. 걸프의 순간의 첫 번째 발전 단계는 지난 세기 1970년대 초, 영국군이 걸프에서 갑자기 철군을 결정하면서 제왕절개로 신생아가 태어나듯 시작되었다. 영국의 철수 이후 걸프의 신생 독립 국가들은 불안정한 지역에서 이웃 국가의 위협에 맞닥뜨렸고, 생존 문제에 직면했다. 그들은 자신들의 운명을 개척해야만 했다. 걸프 국가들이 처음에 당면한 가장 큰 문제는 생존과 국가의 지속성이었다. 걸프 국가들은 170년 동안 외부 세력으로부터 고립되어 있었다. 영국의 지배로부터 새로 독립한 나라로서 생존 가능성을 고민해야 했다. 첫 번째 걸프의 발전 단계에서는 안보에 대한 우려가 지배적이었다. 현재 아랍 세계의 중심이 걸프로 이동하고, 걸프가 자신감을 가진 것처럼 보이지만 여전히 걸프 국가들의 안보에 대한 우려는 계속되고 있다.

두 번째 걸프의 순간의 발전 단계는 1973년 오일쇼크가 발생하면서 유가가 갑자기 급등하고, 걸프 국가들의 재정 수입이 증가하는 가운데 국제사회가 걸프 지역의 전략적 중요성을 인식하면서 나타났다. 석유의 발견으로 이 지역의 잠재력이 드러나며 세계의 주목을 받았다. 배럴당 원유 가격이 500%나 상승하면서 걸프가 새로운 세계 석유 중심지로 변화하는 특별한 순간을 맞이했고, 이로써 세계 경제정책에 큰 목소리를 낼 수 있게 되었다. 풍부한 석유로 인한 부의 유입은 독립 초기 국가의 어려움을 덜어주고, 어려운 생활 문제를 해결해주는 축복과도 같았지만, 동시에 예상하지 못한 저주를 불러오기도 했다. 오일머니의 호황은 소비자들의 행동에 영향을 미쳤고, 지대추구 경제 하에서 국가에 의존적인 시민을 형성했으며, 걸프를 사치에 물든 사회로 만들어버렸다. 특히 걸프에 대한 세계적 관심의 증가로 외부 세력의 개입이 가속화되면서 지역의 긴장감이 고조되었다. 그 결과 고비용의 군비 경쟁, 유혈 충돌, 그리고 치명적인 피해를 야기하는 전쟁이 발발했다.

세 번째 걸프의 순간의 발전 단계는 1979년에 발생해 1980년대까지 이어지는 일련의 중동 정세를 뒤흔든 충격적 사건들과 연관되어 나타났다. 가장 주목할 만한 사건은 이란 샤 정권이 무너지고, 이란 정치혁명의 확장을 꾀하는 이란 이슬람 공화국이 성립된 것이었다. 이란혁명의 여파 속에서 이라크는 불안에 가득 찼고, 이라크와 걸프의 약소국들은 급히 1981년 5월에 걸프협력회의(GCC)* 를 창설

걸프협력회의 1981년 사우디아라비아, 쿠웨이트, 아랍에미리트, 카타르, 오만, 바레인 6개국 왕정 국가들이 결성한 단체다. 1979년 이란 혁명으로 인한 이란 왕정의 붕괴, 1979년 소련 아프가니스탄 침공, 1980년 이란–이라크 전쟁 발발 등 주변의 정세 불안이 고조되자 이런 역내 불안에 집단적으로 대응하고자 생겨난 단체다. 6개 국가 모두 왕정국가라는 비슷한 정체성을 보유하고 있으며 석유 경제를 기반으로 한다는 경제 구조적으로도 유사점을 갖고 있다.

했다. 또 다른 파급력을 가진 사건은 20세기 가장 지리멸렬한 소모전으로 비용 면에서도 대규모였던, 8년간 이어진 이란—이라크 전쟁의 발발이었다. 이 전쟁은 걸프의 성장을 가로막고, 석유 붐으로 인한 1970년대의 성과와 안정을 무너뜨리는 엄청난 정치·경제적 파괴력을 가져왔다. 걸프 국가들은 발전보다는 국방과 무기 구매에 우선순위를 두어 과도한 국방 예산을 지출했고, 이로 인해 걸프의 경제는 깊은 비관주의의 늪에 빠지는 침체를 겪었다. 이란—이라크 전쟁으로 인한 폭력의 악순환은 멈추지 않고 계속되었다. 더불어 석유의 국제적 중요성이 줄어들며 수입이 감소했고, 이런 상황 속에서 걸프의 지역체제는 이례적인 수준의 세계화를 경험했다.

네 번째 걸프의 순간의 발전 단계는 1981년, 이란혁명과 이란—이라크 전쟁이 국내 안보와 안정에 미치는 영향에 대응해 집단안보 체제인 GCC가 설립된 시기에 나타났다. GCC의 설립은 이전의 그 어떤 계기보다 걸프의 순간이 출현하고 발전하는 데 중요한 발판이 되었다. GCC는 30년 이상 지속되면서 최소한의 정치적 협조와 안보 협력, 그리고 걸프의 경제 통합을 향한 노력을 이끌어 왔다. GCC는 걸프의 순간과 걸프의 정체성을 활성화하는 데 큰 역할을 했고, 걸프가 아랍 외교정책 결정의 중심으로 이동하는 데 크게 이바지했다. 걸프 국가 간의 분쟁이 여러 차례 발생했음에도 GCC는 새로운 걸프의 상황에 더 많은 가치를 부여했다. 또한 6개 국가, 3천만 이상의 단일 인구 집단, 그리고 전체 아랍 세계 GDP의 약 60%를 차지하는 6개 경제로 구성된 지역 체제로서 강한 인상을 만들어냈다. 이렇게 GCC와 걸프의 순간은 한 역사적 노선 위 두 개의 모습이 되었다.

다섯 번째 걸프의 순간의 발전 단계는 2011년 아랍의 봄이 아랍 세계 전역에 걸쳐 강력한 영향을 미치면서 시작되었다. 아랍의 봄에서 가장 주목할 현상 중 하나는 걸프 국가들이 아랍의 문제에 리더십을 발휘했다는 것이다. 40년 넘게 지속된 아랍 지역의 부패, 폭정, 경기 침체, 그리고 좌절이 초래한 예기치 못한 변화의 바람에 걸프 국가들도 예외가 되지 못했다. 걸프의 특수한 상황에도 불구하고 아랍 민주화운동의 흐름에 완전한 면역력을 가지지는 못했다. 따라서 걸프 국가들은 2011년 아랍의 봄 혁명에 매우 신중하게 대처했다. 바레인, 오만, 쿠웨이트, 심지어 사우디아라비아에까지 변화의 바람이 가져온 최악의 상황을 피하기 위해 견고하고 유연한 방식으로 그들이 지닌 재정 자원과 제도적 가능성을 총동원했다.

아랍의 봄의 영향은 걸프 지역에서 다양한 방식으로 나타났다. 일부 국가에서는 그 영향이 가벼운 미풍에 그쳤으나 다른 국가에서는 심각한 폭력적 상황을 초래하는 폭풍처럼 일어났다. 일부 걸프 국가들은 아랍의 봄을 두려워했지만, 다른 국가들은 오히려 변화의 바람을 반기며 혜택을 얻었다. 큰 타격을 입은 국가가 있는 반면에 피해를 최소화하며, 오히려 정치, 경제, 언론의 지위를 높이는 기회로 활용한 국가도 있었다. 아랍의 봄이 바레인, 오만, 쿠웨이트에 미친 영향과 카타르, 아랍에미리트, 사우디아라비아에 미친 영향에는 차이점이 존재한다.

　일반적으로 걸프 지역은 아랍의 봄의 국면에서 존재감을 부각시켰다. 특히 정치, 경제, 외교, 언론 부문에서 가장 큰 승자였다. 카타르의 알자지라 채널은 아랍의 봄의 중심에서 전략적 역할을 수행했다. 알자지라는 단순한 뉴스 채널을 넘어섰으며, 알자지라 자체가 뉴스의 주제가 되었다. 카타르가 운영하는 알자지라는 걸프의 순간이 무엇을 암시하는지 잘 보여주었다. 즉 알자지라를 통해 소규모 인구와 영토를 가진 국가가 경제·미디어적 역량을 갖추고 야망이 넘치고 러더십이 탁월한 지도자 하에서 규모나 인구 면에서 한참을 앞서고 깊은 리더십의 역사를 보유한 다른 아랍 국가에 영향력을 발휘할 수 있다는 것을 확인시켜준 것이다.

　아랍의 봄 시기에는 카타르와 알자지라의 영향력이 크게 확대되었을 뿐만이 아니다. 아랍에미리트, 특히 두바이는 경제적 측면에서 아랍의 봄의 가장 큰 승자로 여겨진다. 아랍에미리트는 확고한 안정성을 가진 국가로서 입지를 굳혔다. 두바이는 불안한 상황에서 벗어나 투자하려는 아랍과 해외 기업의 자본을 끌어들이기 위해 법과 사회기반시설을 유연하게 활용했다. 이로써 중동과 북아프리카 전체에서 사업가들에게 가장 안전한 투자(경제) 중심지로서 두바이를 대체할 만한 곳은 없다는 것을 보여주었다.

　일반적으로 아랍의 봄은 걸프 국가들이 아랍의 문제에 전례 없이 깊게 관여하는 계기가 되었다. 즉 걸프 국가들은 지리적으로 근접한 이웃 국가에서 발생하는 문제에 개별적으로 혹은 전체적으로 역사적 책임감을 가져야 한다는 것을 깨달았다. GCC는 바레인에서의 충돌과 예멘 문제와 같은 위기 상황에서 그 효용성을 보여주었다. 아랍의 봄은 GCC의 정당성을 입증하는 증거가 되었으며, 걸프의 외교 활동을 더욱 활발하게 하는 계기로 작용했다. 요르단과 모로코는 혁명의 소용돌이에 대응해 걸프 국가의 영향권 하에 아랍 왕정국가들도 포함되길 바라면서 GCC 가입을 요청했다. 아랍의 봄은 이전에는 깨닫지 못한 걸프의 순간을 명확하게 조명해주었다. 또한 걸프의 영향력에 대한 확신을 불러일으켰다. 특히 걸프가 새로운 아랍 경제와 금융의 중심지로 부상하면서 걸프에 대한 새로운 관점을 형성하는 결정적인 계기가 되었다.

2장

경제와 금융의 중심지

석유는 첫 번째 걸프의 순간의 출현과 발전에 특별히 기여했다. 만약 석유가 없었다면 걸프의 순간은 등장할 수 없었을 것이며, 그 지속성과 현재의 모습은 달라졌을 것이다. 걸프의 순간은 그 시작부터 석유가 중심에 놓여 있었다. 석유는 모두가 소유하고, 통제하고, 거래하고 싶어하는 중요한 핵심 자원이 되었다. 석유는 가까운 이웃부터 멀리 있는 사람들까지 모두에게 매력적인 보물로 인식되었다. 걸프의 풍부한 석유는 바다에 존재한 것이 아니라 20세기 동안 사람들이 끊임없이 채굴을 위해 애쓴 대규모 육지 석유 매장지에 존재했다. 특히 사우디아라비아는 전 세계 석유 매장량의 4분의 1을 차지했다.

걸프 국가들은 세계 최대의 석유 생산 및 수출국이자 석유 매장량이 지속적으로 증가하고 있는 국가들이다. 석유가 고갈될 것이라는 주장도 존재하지만 최소한 걸프 국가의 석유는 이에 해당되지 않는다. 지난 100년 동안 걸프 국가들은 매일 석유를 생산하고 수출했음에도 불구하고 현재의 석유 매장량은 지난 100년 동안의 최고치를 기록하고 있다. 더구나 다음 100년 동안에도 이 최고치는 유지될 것으로 예상된다. 1950년 600억 배럴을 넘지 않았던 걸프 국가의 석유 매장량은 1970년에는 3천억 배럴을 넘어섰다. 이후 1990년에는 4천억 배럴을 넘어섰고, 2017년에는 4,600억 배럴을 기록했다. 이 같은 증가는 한 순간도 멈추지 않고 새롭게 석유를 발견하고 있는 덕분이다. 또한 지하 깊은 곳에서 석유를 뽑아내는 놀라운 기술 발전이 있었기 때문이다. 따라서 걸프와 세계의 석유가 가까운 미래 혹은 그 이후에 사라지는 일은 쉽지 않아 보인다.

걸프 국가들은 놀랍게도 여유분의 석유 자원을 보유한 산유국으로 계속 남아 있을 것이다. 하지만 이들 산유국은 불안정한 석유 가격과 시장의 변동성에 주의를 기울이고 있다. 그리고 석유로부터 유입되는 세수를 줄이는 방향으로 석유 의존도를 낮추기 위해 노력하고 있다. 걸프 국가들은 그들의 생존과 존속을 목표로 석유에 의존하려는 태도를 버리기 위해 꾸준히 노력하고 있다. 이와 관련해 석유가 걸프 국가들에 신성한 축복인지 아니면 하늘이 내린 저주인지에 대한 논쟁과 토론이 뜨겁게 이어지고 있다.

걸프의 순간, 탈석유화

걸프는 석유의 거인이었으며, 이 현상은 앞으로도 오랫동안 계속될 것이다. 걸프 사회와 걸프 국민들은 석유의 축복을 누렸다. 석유가 발견되기 전에 걸프의 사람들은 미비한 사회 구조와 가난, 무지의 어려움을 겪었다. 만약 풍부한 양의 석유가 발견되어 막대한 수익을 가져다주지 않았다면, 그 당시의 원시적인 생산 방식과 경제·사회적 상황은 계속되었을 것이다.

석유의 축복은 가난, 무지, 퇴보, 소외를 극복하고, 정체된 사회를 움직이게 했다. 석유는 번영을 가져다주었고, 현대화를 앞당겼으며, 사회를 개방시켰다. 하지만 석유 경제의 호황은 변동성이 심했고 때때로 무작위적인 흐름을 보였으며, 이런 추이를 제어하거나 충격에 대비하고 적응해 나가기는 어려웠다. 오일 붐은 때때로 강력했지만, 때때로는 요동을 쳤다. 그 결과 걸프 시민들은 부유한 국가의 국민으로서 혜택을 누리기도 하고 때로는 희생양이 되기도 했다. 오일 붐은 걸프 지역에서 더 좋은 것을 먹고, 더 좋은 곳에서 살고, 더 많이 배우며, 신식의 고가 제품을 소비하고, 개방적인 부유한 시민계층이 탄생하는 데 큰 역할을 했다.

걸프는 석유 발견 이전, 현대화 이전, 독립 이전의 시기를 지나며, 궁핍과 가난, 고립 그리고 식민주의로 인한 난관을 겪었다. 그 후 걸프는 석유 시대와 첫 번째 현대화, 그리고 근대국가로 발전되는 과정을 거치며 변화했다. 하지만 석유 수입과 석유 시장의 변동성에 크게 의존했던 오일머니의 시대가 끝나가는 것처럼 석유 이전의 시기는 이미 종결되었으며 다시 돌아오지 않을 것이다. 이제 새로운 걸프 국가의 시대가 도래하고 있다. 이것은 첫 번째 걸프의 순간에서 가장 큰 특징이었던 석유 복지국가로서 황금시대의 끝을 의미한다. 끝없는 석유 수익은 국가경제를 지탱하는 데 매우 중요하지만, 새로운 시대가 도래함에 따라 20세기에 그랬던 것만큼은 중요해지지 않았다. 새로운 세기에 등장한 걸프의 순간은 석유의 순간으로 보기 어렵다. 오늘날 걸프의 존재감과 영향력은 20세기 1970년대 석유 시대와 비교해 석유 하나로만 설명되지 않는다. 새로운 걸프는 더 이상 석유 관점에서만 바라보는 것을 허용하지 않는다.

확실히 첫 번째 걸프의 순간은 석유 덕분에 가능했다. 하지만 현재 목격하는 네 번째 걸프의 순간은 석유와의 연관성이 떨어진다. 이는 석유 이후의 걸프의 순간을 말하고 있다. 현재 걸프와 그 주변에서 일어나는 현상, 걸프의 영향력과 역할의 증가, 아랍과 글로벌 이슈에서의 존재감 확대는 모두 석유와 직접적으로 연관된 것이 아니다. 오히려 새로운 생산 분야의 출현, 탄탄한 사회기반시설의 확충, 유연한 법제도의 마련, 개방적인 사회구조, 그리고 탄탄한 기술력 등과 연관되어 있다. 이런 요소는 석유 의존도가 점차 줄어드는 가운데 21세기 초에 등장한 걸프의 순간을 지탱하는 핵심적인 기둥이 되고 있다.

걸프 연구자들은 현대 아랍 역사에서 오늘날의 걸프의 순간의 등장과 발전을 어떤 용어로 적절하게 설명해야 할지 고민하고 있다. 일부는 현재의 걸프를 과거와 독립된 새로운 생활 현실로 인식하고, 이를 근대 이전의 시기에서 해방과 첫 번째 근대화로부터 21세기 두 번째 근대화로의 전환으로 묘사한다. 이는 걸프의 사회와 경제에서 발생하는 질적 변화로, 모든 부문에서 변화가 가속화 되고 있다. 아마도 새로운 걸프라는 표현이 걸프의 역사적 변화를 설명하기에 가장 적절할 것 같다.

새로운 걸프로의 변화는 과거와 같은 양적 변화가 아니라 본질적 특성의 변화다. 21세기의 변화는 매우 **빠르게** 진행되고 있다. 그 속도는 과거보다 더 **빠르며**, 현재는 세계화가 가속화되고 있다. 국가, 사회, 경제 모든 측면에서 걸프만큼 세계화를 향해 급속히 전진하는 아랍 국가는 어디에도 존재하지 않는다.

일부 학자들은 지대추구 경제와 의존적인 정신구조, 소비 중심 가치관, 복지국가의 관대함에 대한 의존성으로부터의 종언을 새로운 걸프 국가의 가장 주요한 특징이라고 주장한다. 걸프의 순간이라는 용어는 다각화된 걸프 경제체제로의 전환이라는 의미를 담고 있다. 이는 필수품과 소비재 보조금 지원, 교육, 보건의료 프로그램, 무상 전기와 수도 공급, 무료 교육 및 보건의료비 지원에 의존하지 않는 새로운 중산층이 형성된 걸프 사회로의 변화를 말한다. 이 새로운 걸프의 사회 계급은 정부의 보조금 삭감을 재정적 · 심리적으로 받아들일 준비가 되어 있으며 긴축재정 조치에 적응하고 있다. 이들은 2018년 GCC 국가에 최초로 도입된 부가가치세와 같은 세금 제도의 변화를 받아들일 필요성을 공감하고 있다. 50년 이상 지속되어 왔던 지대추구 경제가 사라지는 것은 아랍에미리트의 두바이와 같은 걸프에서 무수한 증거를 통해 확인되고 있다. 두바이는 지대추구 경제를 벗어나 포스트 오일 시대 경제구조로 전환하기 위해 필요한 다음과 같은 정치적·경제적 조건을 충족했다.

- 국가는 국민들의 요구에 민감하게 반응할 필요가 있다.
- 세계화가 요구하는 조건을 수용할 수 있는 유연한 경제구조가 필요하다.
- 국가 외부에서 발생하는 위협 요인에 효과적으로 대응할 수 있는 체계가 갖추어져야 한다.
- 국가는 명확하고 미래지향적 발전 계획을 제시할 수 있어야 한다.
- 국가는 민간 부문이 국가경제에 주요 역할을 할 수 있도록 장려해야 한다.
- 석유에 대한 의존성은 국내총생산(GDP)의 30% 이하로 감소시킬 수 있어야 한다.

경제 다각화와 에너지 수입원의 다변화는 이제 걸프 국가들의 슬로건이 아닌 현실이 되었다. 특히 사우디아라비아는 '사우디 비전 2030'에 따라 산업 다각화와 포스트 오일 시대로의 진행을 가속화하며 이를 실현하고 있다. 무엇보다 아랍에미리트는 지대추구 경제에서 벗어나 빠르게 발전하며 선도하는 국가가 되었다. GDP에서 석유 부문이 차지하는 비율은 1971년의 90%에서 현재 30% 미만으로 감소했으며, 2025년까지 20%로 떨어질 것으로 예상된다.

이렇게 석유의 기여도가 GDP의 30% 정도를 차지하는 상황에서 아랍에미리트의 경제를 석유에 의존하는 지대추구 경제로 부르기는 어렵다. 아랍에미리트는 탈 지대추구 국가로, 포스트 오일 경제를 향해 나아가는 새로운 걸프 지역 기관차의 엔진을 움직이고 있다. 새로운 걸프의 지향점은 분명하다. 아랍에미리트가 나아가는 방향으로 나머지 국가들도 그 뒤를 따라가고 있다. 아랍에미리트에서 벌어지는 변화는 그곳에만 머물지 않고 전 지역에 영향을 미치고 있다.

아마도 현재 진행 중인 새로운 걸프의 건설은 탈 지대추구 경제에 도달했다고 볼 수 있다. 오늘날의 걸프가 무게감 있는 경제적 거인으로 부상했다는 점에는 이견이 없을 것이다. 아랍 세계와 국제사회는 걸프를 경제, 상업, 여행, 물류의 중심지로 인식하게 되었다. 중동과 서아시아에서는 걸프를 21세기 글로벌경제의 핵심 지역 중 하나로 명확히 인지하게 되었다. 걸프의 순간에 주목해야 할 중요한 사실은 걸프가 현재 거대한 경제 규모를 가지고 다른 아랍 경제를 통제하고 있다는 것이다. 2021년 통계에 의하면 6개 걸프 국가의 GDP는 1조 7,071억 달러에 달하며, 이는 전체 아랍 GDP의 약 59%를 차지하는 것으로, 이집트, 이라크, 모로코, 레바논, 리비아를 포함한 16개 아랍 국가의 GDP 규모를 넘어선다.

이런 경제 규모가 아랍 경제의 중심이 걸프로 옮겨 갔음을 보여주는 충분한 증거다. 지난 10년 동안 다른 아랍 국가들의 경제가 장기적으로 침체한 데 비해 걸프의 성장률은 매년 3~5% 증가하고 있으며, 이런 현상은 앞으로도 계속될 것으로 보인다. 걸프의 경제에서는 비석유 생산 부문이 기하급수적으로 팽창하고 있다. 이와 달리 이라크, 알제리, 리비아와 같은 비걸프 산유국을 포함한 다른 아랍 국가들의 성장 동력은 줄어들고, 발전이 지체되고 있다.

사우디아라비아 경제 규모는 2021년 GDP가 8,335억 달러로 선두를 차지하며, 이는 사우디아라비아의 경제 규모가 이집트를 포함해 10개 아랍 국가들과 대등하다는 것을 의미한다. 사우디아라비아의 경제 규모는 이집트의 2배 이상이며, 사우디아라비아와 맞먹는 막대한 석유 매장량을 보유하고 있는 이라크의 4배를 뛰어넘는다. 경제 중요성이 날로 커지면서 사우디아라비아는 전 세계 20개 상위 경제대국이 참여하는 G20 회원국 중 유일한 아랍 국가로 참여하게 되었다. 나아가 세계 경제에서 그 역할을 인정받아 2020년 G20 정상회의를 개최했다.

아랍 국가 중에서 두 번째로 큰 경제 규모를 자랑하는 나라는 이집트, 이라크, 알제리 같은 나라가 아닌, GDP 4,198억 달러의 아랍에미리트다. 이 규모는 이집트, 레바논, 시리아, 요르단, 튀니지를 포함한 6개 아랍 국가의 경제 규모에 버금간다. 1971년 연방 국가로 출범한 아랍에미리트는 2022년 인구 약 940만으로 약 1억1천만 명의 이집트 인구의 약 10%에 불과하며, 면적 8만3천㎢로 산유국인 알제리의 5%에 불과하다. 아랍에미리트는 생동감, 안정, 다양성을 강점으로 내세우며 아랍 세계 두 번째로 큰 경제를 건설했고, 다수의 글로벌 투자를 끌어들였다.

1971년 아랍에미리트의 국가 건설 당시에는 GDP가 이집트의 5%에 불과했다. 하지만 지난 52년 동안 거대한 성장, 과감한 행정 개혁, 끊임없는 기술 발전을 통해 이집트의 경제를 따라잡았다. 사우디아라비아가 글로벌경제 20위권에 진입한 것처럼 아랍에미리트는 글로벌경제 30위권에 올라가고, 2030년까지 20위권에 진입하려는 야심 찬 노력을 기울이고 있다.

사우디아라비아와 아랍에미리트는 다른 아랍 국가들과 차별화된 경제 강국이다. 두 국가 GDP의 합은 1조 달러를 넘어서며, 이는 걸프 국가 GDP의 73.4%를 차지하고, 전체 아랍 국가 GDP의 43.5%에 해당한다. 이는 두 국가가 아랍 경제의 거의 절반을 차지하고 있음을 나타낸다. 또한 아랍 10대 경제 강국 중에 사우디아라비아, 아랍에미리트, 카타르, 쿠웨이트의 걸프 4개 국가가 포함되어 있으며, 카타르와 쿠웨이트는 각각 GDP 1,795억 달러, 1,494억 달러로 5위와 7위에 이름을 올렸다. 과거에는 이집트와 함께 가장 큰 아랍 산유국으로 분류되던 이라크와 알제리는 20세기에 아랍 최대 경제 규모를 가진 국가들로 분류되었지만, 힘과 영향력을 포함한 대부분 지표에서 걸프 국가들에 경제적 리더십을 내주고 쇠퇴해버렸다.

걸프 지역이 경제의 거인이자 새로운 아랍 경제의 중심지로 떠오른 것 자체보다 더 중요한 것은 걸프 경제가 아랍의 나머지 경제에 비해 훨씬 더 큰 경쟁력을 갖추었다는 것이다. 경제적 규모와 수치에 있어서 사우디아라비아에 대적할 아랍 국가는 찾아보기 힘들다. 또한 어떤 아랍 국가들도 아랍에미리트의 견고성, 역동성, 경쟁력을 따라갈 수 없다. 무엇보다 2023년 IMB 세계 경쟁력 순위에서 아랍에미리트는 세계 10위에 이름을 올렸다.

경제 규모 못지않게 경제의 견고성 또한 중요하다. 아랍에미리트 경제는 덴마크, 아일랜드, 스위스, 싱가포르, 네덜란드, 대만, 홍콩, 스웨덴, 미국에 이어 10위를 차지했다. 걸프와 그 외의 아랍 국가들 사이에 경제적 격차는 안정성, 견고성, 그리고 경쟁력 측면에서 명확하게 드러난다. 이런 차이는 경제 규모, 인프라 발전, 입법 및 기술 인프라, 혁신 능력, 금융 및 비즈니스 시장의 발전, 교육, 제도의 효율성, 시장의 성숙도, 물질적·정신적 인센티브, 지속 가능한 성장, 그리고 경제 다각화 관점에서 확연히 격차가 존재하고 있음을 의미한다. 특히 가장 중요한 지표는 부패 척결이다.

2023년 세계 경쟁력 순위에서 아랍에미리트는 아랍 지역을 넘어 프랑스, 스페인, 한국, 호주, 튀르키예, 심지어 이스라엘에 앞선 경쟁력 지수를 보여주었다. 아랍에미리트를 포함한 걸프 국가들은 투명성과 부패 척결에 관한 최근 보고서에서 아랍 세계와 전 세계 수준에서 선두에 있었다. 이 보고서는 다음과 같은 내용을 측정했다.

- 공무원과 정치인들이 개인적 이익을 위해 권력을 남용하는 정도.
- 권력을 보유한 당국자들의 도덕성 수준.

● 사법부의 완전한 독립성 보장 및 계층에 따른 차별 비율.

부패측정지수에 따르면 걸프의 경제와 사회는 아랍 세계에서 부패 정도가 가장 낮게 나타난다. 아랍에미리트가 경쟁력지수에서 선도하고 있는 만큼 아랍에미리트는 2022년 반부패 척도인 부패인식지수 순위에서 아랍 세계 1위, 글로벌 순위 27위를 차지했다. 카타르가 아랍 세계 2위, 전 세계 40위를 기록했다. 2022년 부패인식지수에 따르면 걸프 경제는 가장 부패가 적게 발생하는 것으로 나타났다. 하지만 다른 아랍 국가들의 경제는 부패가 심화되고 투명성과 통합도가 낮다는 점이 확인되었다. 이라크(157위), 수단(162위), 리비아(171위), 예멘(176위), 시리아(178위), 소말리아(180위) 등 6개의 아랍 국가들은 세계에서 가장 부패한 국가들의 목록에 이름을 올렸다.

부패 확산과 정치적 불안 및 발전의 쇠퇴 사이에는 명확한 상관관계가 존재하는 것으로 평가된다. 이 중 최하위권에 있는 국가들은 전쟁과 종파 간의 정치적 분열을 겪고 있다. 또한 합리적인 정부는 부재하고, 경찰과 사법부를 포함한 공공기관이 제 기능을 발휘하지 못하고 있다. 이런 국가들은 언론과 표현의 자유가 결여되어 있고 사실상 시민사회는 존재하지 않는다고 할 수 있다.

걸프 국부펀드의 순간

아랍 역사에서 걸프의 순간이 보여주는 가장 큰 특징은 경제 요소의 규모와 지속성에 있다. 걸프는 단순히 재정적 자원과 예비 자금을 전략적으로 활용하기 위해 국부펀드를 이용해 자신들의 경제적 중요성을 높이고 있다. 이전에 중심 역할을 했던 석유 경제 이외에도 이제는 석유로부터 완전히 독립된 걸프의 금융이 강력한 힘을 발휘하고 있다. 20세기 후반에 걸프가 석유의 순간을 지배했다면, 지금은 국부펀드의 순간을 살아가고 있다. 국부펀드는 자원과 석유 수입에 버금가는 연간 수입을 창출하고 있다. 이로써 아랍 세계와 세계적 수준에서 경쟁력을 제공하며, 유가 시장의 변동성으로부터 경제를 보호하고, 걸프의 순간에 생명력과 영속성을 부여하고 있다. 이런 맥락에서 걸프는 과거에는 석유 중심의 경제 거인으로 변화했다가 현재는 매력적이고 영향력 있는 금융의 대부로 자리매김했다.

과거 50년 동안 걸프 국부펀드는 국내, 지역 혹은 글로벌 문제에 핵심적인 역할을 하지 않았고, 크게 주목받지 못했다. 국부펀드 대부분은 초기에 그들의 목적과 유용성에 대한 의문으로 회의론에 직면하는 경향이 있었다. 걸프 국가들은 국부펀드를 개발을 위한 투자 도구나 협상력을 강화하는 수단으로 사용하지 않았으며, 21세기 초에도 그 존재감은 크게 부각되지 못했다. 하지만 어느 순간 걸프 국가들은 자신들에게 때때로 불안정한 석유 자원 이상의 신뢰할 수 있는 수준의 잠재력과 성숙한 금융 자원이 있음을 깨달았다. 2008년의 글로벌 금융위기 이후 걸프는 동서양의 글로벌경제 체제에 흩어져 있는 수조 달러에 달하는 엄청난 금융의 힘이 있다는 것을 인식했다. 이로써 국제 석유 중심지인 걸프는 국제 금융의 요충지로 자리잡았다.

쿠웨이트는 약 60년 전에 세계 최초의 국부펀드를 설립했다. 1953년에 잉여 석유 수입 중 5천만 달러를 사용해 세계 최초 국부펀드가 창설되었다. 그 후 1976년에 쿠웨이트는 매년 석유 수입의 10%를 할당해 세계 주식시장과 부동산에 투자하기 위한 미래세대기금(FGF)을 설립함으로써 국부펀드를 제도화했다. 이후 1976년 아랍에미리트에 아부다비 투자청이 설립되었다. 2023년 아부다비 투자청은 1990년에 설립된 노르웨이 국부펀드와 중국 투자청에 이어 세계에서 세 번째로 큰 국부펀드로 자리매김하고 있다. 노르웨이의 국부펀드 규모는 노르웨이 GDP의 2배보다 많은 약 1조3,718억 달러에 이른다.

국부펀드는 걸프 국가인 쿠웨이트에서 시작한 이니셔티브이며, 이후 아랍에미리트가 주도권을 이어받아 크게 발전시켰다. 국부펀드의 개념은 석유의 잉여 수익 중 일정 부분을 미래 세대를 위한 투자펀드로 지속해서 변환하는 아이디어에서 시작되었다. 국부펀드는 쿠웨이트가 이라크의 침공과 같은 국가 위기 상황에 대비하는 데 활용되었다. 이런 걸프 지역의 참신한 아이디어는 노르웨이, 중국, 싱가포르, 홍콩 등 44개국에서 받아들여져 글로벌 금융 현상으로 전환되었다. 국부펀드 자산을 모니터링하는 국부펀드협회 데이터에 따르면 2023

카타르 도하, 금융지구의 마천루.

년 기준으로 전 세계 국부펀드의 총 가치는 약 11조6,721억 달러를 초과했다.

최근 들어 국부펀드가 전 세계적으로 크게 확산했음에도 걸프 국부펀드의 수는 13개로 여전히 세계에서 우위를 차지한다. 가장 역사가 긴 걸프의 국부펀드는 2023년 현재 3조9천억 달러로 노르웨이와 중국을 포함한 전 세계 총합의 약 33%에 달한다. 이는 약 3조1천억 달러로 전 세계 6위 규모 경제를 가진 영국의 GDP를 웃도는 수치다. 약 1조7천억 달러 규모의 아랍에미리트의 국부펀드는 아랍에미리트 GDP의 300%에 해당하는 액수이며, 사우디아라비아와 쿠웨이트 국부펀드를 합친 총합에 버금가는 규모다. 또한 이것은 경제 강국 한국 GDP인 1조6,733억 달러에 상응한다. 카타르 국부펀드는 2017년 전 세계 금융과 비즈니스 수도인 뉴욕에서 아홉 번째로 큰 부동산 투자자이자 소유자로 등극한 바 있다.

걸프의 순간은 앞으로 최소한 150년 동안 지속될 것으로 예상되는 대량의 석유와 그 매장량에서 비롯된 것이 아니다. 걸프의 순간은 지난 40년 이상 동안 축적된 걸프의 주식과 투자, 그리고 제2차 오일쇼크 시기에 9,120억 달러가 넘는 유동성을 확보하면서 걸프 국부펀드의 규모가 크게 커졌기 때문에 가능했다. 이런 엄청난 규모의 국부펀드는 현재 글로벌 금융업계에 큰 영향을 미치고 있다. 따라서 첫 번째 걸프의 순간의 발전 단계인 1973년부터 1979년 사이 오일쇼크로 인해 글로벌 석유의 중심이 걸프로 이동하면서 걸프에 대한 관심이 증가했던 것처럼 2003년부터 2008년 사이의 금융위기 기간 동안 걸프 국부펀드는 다시 주목받기 시작했다. 그 결과 걸프는 새로운 세계 금융의 중심지로 변모해 정치·외교적 중요성도 함께 커졌으며 걸프에 대한 세계적인 관심도 증대했다.

걸프 국부펀드의 주요 투자 대상은 아랍 국가라고 말할 수 있다. 특히 이런 걸프 투자자금이 아랍 국가로 유입되는 흐름은 9.11테러와 아랍의 봄 이후 걸프의 영향력이 2배로 증가한 지난 20년 동안 두드러졌다. 이는 제1차 오일쇼크 시기에 걸프 국가가 실질적인 발전은 실현하지 못한 채 단지 보조금 형태로 아랍 정부에 직접적인 현금 지원만 제공했던 방식과는 다르다. 양적으로 보면 걸프가 2003년부터 2009년까지 요르단, 레바논, 이집트, 팔레스타인, 시리아 5개 아랍 국가에 대해 직접 투자한 총액은 약 700억 달러에 달했다. 하지만 같은 기간 세계 최대의 무역경제 블록인 EU의 아랍 국가에 대한 투자 총액은 230억 달러, 최대 세계 경제대국인 미국의 경우는 50억 달러에 불과했다.

걸프 자본의 순간

21세기를 맞아 걸프의 외환보유고가 새로운 걸프 현상을 나타내는 하나의 요소로서 이전의 석유 매장량과 같은 영향력을 지니게 되었다. 걸프의 순간은 석유 자원의 시대에서 국부펀드의 시대로 전환했다. 석유가 과거의 걸프의 순간을 주도했다면, 국부펀드는 현재의 걸프의 순간을 주도하며 미래에 가장 중요한 힘의 원천 중 하나다. 현재 걸프의 순간의 힘은 석유에만 의존하지 않고, 걸프 국부펀드로 단순히 제한되지 않는 광범위한 경제적 발전과 금융의 변화에 기인하고 있다. 이 새로운 상황에서 걸프의 자본은 지역에서 세계로 확장되고, 걸프의 기업들은 초국가 기업으로 활동하고 있다. 또한 걸프의 부자들은 아랍의 최고 갑부로 자리매김하고 있다. 이 모두가 각자의 역할을 하며 새로운 걸프의 순간을 만들어내고 있다. 또한 척박한 환경에서 시작한 생산 및 서비스 분야 또한 활기를 띠면서 걸프의 순간을 유망한 미래로 발돋움하게 하는 데 기여하고 있다.

새로운 걸프 동력원은 민간 걸프 자본의 등장에서 찾아볼 수 있다. 이는 과거에는 큰 존재감이 없었다. 하지만 이제는 걸프와 아랍 세계 전반에서 활발하게 두각을 나타내고 있다. 특히 걸프의 민간자본은 세계적인 자본과 좋은 파트너로서 나란히 어깨를 겨누며 걸프의 순간에 더 많은 활력을 불어넣고 걸프의 순간을 아랍 역사에서 부상하고 발전할 수 있게 했다.

걸프의 순간을 경제적 측면에서 논할 때, 야심 찬 투자 확대를 주도해온 걸프 사업가들의 역할을 간과할 수는 없다. 걸프의 부는 국가의 부가 아니라 소매, 부동산, 은행, 통신 및 식음료 부문에서 적극적으로 투자해온 민간 걸프 자본의 것이다. 걸프에서 민간자본의 축적은 아랍 경제와 금융의 중심이 걸프로 이동하고 있다는 또 다른 지표가 된다. 40년도 채 되지 않는 시간 동안 걸프의 부자들은 과거 부호를 많이 배출한 이집트, 레바논, 팔레스타인, 이라크, 시리아의 갑부들을 제치고 21세기 아랍의 최고 부호가 되었다.

경제적·정치적 위기와 최근 석유 가격의 하락에도 불구하고 걸프의 부자 수는 증가하는 반면에 전체 아랍의 부자 수는 감소했다. 걸프 최고 부자들의 재산은 과거와 현재 아랍 부자들의 재산에 비교할 수 없을 정도로 증가해, 전례를 찾아볼 수 없는 수치에 이르렀다. 아랍의 부자 사업가 10명 중 8명은 걸프의 사업가들이며, 이들의 재산은 2016년 700억 달러 이상으로 집계되었다. 매년 아랍 세계 100대, 세계 100대 부자 순위를 매기는 《포브스》지의 순위에 따르면 최고 아랍 부자의 60%는 사우디아라비아, 아랍에미리트, 쿠웨이트의 3개 국가에서 나왔으며, 사우디아라비아에서만 수십억 달러를 보유한 개인이 41%에 달했다.

2017년 포브스에서 선정한 아랍 최고 부자 명단에는 아랍에미리트 출신 4명이 포함되었다. 이들은 31억 달러의 압둘라 알 푸타임, 32억 달러의 후세인 사즈와니, 49억 달러의 마지드 알 푸타임, 그리고 50억 달러의 압둘라 알 구라이르다. 사우디아라비아 출신은 173억 달러를 지닌 알 왈리드 빈 탈랄, 83억 달러의 무함마드 알 아무디, 34억 달러인 수하일 살렘 바흐완 3명이 이 명단에 포함되었다. 오만의 수하일 살림 바흐완은 34억 달러, 이집트의 나세프 사위리스는 37억 달러,

알제리의 야스우드 리브라브가 31억 달러의 재산을 가진 것으로 조사되었다.

한편 사우디아라비아의 부호가 배제된 채 조사한 2023년 《포브스》의 조사에 의하면 1위는 이집트의 나세프 사위리스로 74억 달러, 2위 알제리의 이사드 레브라브 46억 달러, 아랍에미리트의 후세인 사즈와니 45억 달러, 4위 이집트의 무함마드 만수르 36억 달러, 5위 이집트의 나기브 사위리스 33억 달러, 6위 아랍에미리트의 압둘라 빈 아흐마드* 30억 달러, 7위 레바논의 나지브 미카티 28억 달러, 8위 레바논의 타하 미카티 28억 달러, 9위 오만의 수하일 바흐완 27억 달러, 10위는 압둘라 알 푸타임으로 24억 달러의 재산을 가진 것으로 조사되었다.

걸프 민간 부문이 활기를 띠면서 생기고 있는 또 다른 현상은 유력

아랍인의 이름 아랍인의 이름은 우리나라 사람들에게는 길고 특이하게 느껴져 헷갈릴 수 있다. 아랍 이름 구성은 일반적으로 본인의 이름이 앞에 오고, 그 뒤로 아버지와 할아버지의 이름이 순서대로 위치한다. 때로는 증조할아버지의 이름까지 포함될 수 있다. 이름 사이에 삽입되는 '빈' 혹은 '븐'은 '~의 아들'을 의미한다. 예를 들어 아랍에미리트의 부호 사업가 '압둘라 빈 아흐마드'는 '아흐마드의 아들 압둘라'를 의미하며, 압둘라는 본인의 이름이고, 아흐마드는 아버지의 이름이다. 또한 공식적인 이름을 사용할 때는 해당 가문의 이름을 맨 뒤에 추가로 표기하기도 한다. 그의 완전한 이름은 '압둘라 빈 아흐마드 알 구라이르'인데, 여기에서 '알 구라이르'는 '구라이르 가문'을 의미한다. 비슷한 예로 사우디아라비아의 왕세자로 우리나라 언론에서는 흔히 '빈살만'으로 알려져 있지만, 그의 정식 이름은 '무함마드 빈 살만 빈 압둘아지즈 알 사우드'다. 이때 '무함마드'는 본인의 이름, '살만'은 아버지의 이름, '압둘아지즈'는 할아버지의 이름이며, '알 사우드'는 그가 속한 사우드 왕가를 나타낸다.

한 100대 아랍 가문 사업가 명단에 걸프인들이 늘어나고 있다는 것이다. 2022년 《포브스》의 조사에 의하면 가장 영향력 있는 100명의 아랍 가문 비즈니스 중에서 사우디아라비아 회사가 37개, 아랍에미리트 25개, 쿠웨이트가 8개를 차지했다. 걸프의 부호들은 다국적 가족기업을 소유하고 운영하고 있다. 걸프의 땅에서 시작된 이들 걸프 기업은 아랍의 민간 분야까지 확장해 걸프의 자산을 기반으로 기업을 운영하고 영향력을 발휘하고 있다. 경제체제에서는 걸프가 중심 역할을 하며, 다른 아랍 세계 전체가 걸프에 의존하는 노동의 분업 현상은 북반구의 중심과 남반구의 주변으로 구분되는 글로벌경제 체제의 노동 분업과도 유사하다. 글로벌 수준에서 볼 때 부의 축적, 중심과 주변 구분, 노동의 분업이 존재하는 것처럼 아랍 세계에서도 부의 축적, 통제하는 중심, 종속된 주변, 그리고 전문 관료를 가진 걸프 가족기업의 본부에서 운용하는 자본이 존재한다.

아랍 전역에서는 주요 은행, 금융, 증권, 투자, 건설, 부동산, 통신, 철강, 식품, 호텔업계가 대체로 걸프 회사에 의해 주도되고 있다. 2023년 1분기 통계 자료에 따르면 은행과 금융 부분의 경우 자산과 이윤의 측면에서 보았을 때 50대 아랍 은행 리스트 중 76%는 걸프 은행이었다. 특히 아랍 지역에서 가장 강력하게 성장하고 있는 50대 은행은 사우디아라비아, 아랍에미리트, 카타르에 위치하고 있다. 2023년 일사분기 현재 50대 아랍 은행은 총 3조4,731억 달러의 자산을 운용하며, 이 중 걸프 은행 38개가 관리하는 자산 규모는 약 2조8,505

억 달러로 전체의 약 82%에 달했다. 아랍은행연합회의 자료에 따르면 사우디아라비아와 아랍에미리트가 각각 50대 은행 10개를 포함해 공동 1위에 올랐다. 카타르가 7개로 3위, 쿠웨이트가 6개 은행으로 4위, 이집트와 바레인이 각각 4개 은행으로 공동 5위에 올랐다. 모로코와 레바논이 각각 3개 은행으로 공동 7위, 오만은 요르단, 이라크와 함께 각각 1개 은행으로 공동 8위에 이름을 올렸다.

아랍 세계 자산 규모 10대 은행의 경우 (6위인) 이집트 중앙은행 1개를 제외하고 모두 걸프 은행이 순위에 올랐다. 구체적으로 카타르 중앙은행이 2023년 1분기 기준 3,263억 달러의 자산 규모로 아랍 세계에서 1위를 차지했고, 이어 아부다비 제1은행이 3,227억 달러로 2위, 아랍에미리트의 NBD 은행이 2,129억 달러로 3위, 사우디아라비아 알 라즈히 은행이 2,069억 달러로 4위, 사우디아라비아 중앙은행이 2,062억 달러로 5위, 아부다비 상업은행은 1,365억 달러로 7위를 차지했다.

걸프 은행들의 규모도 대단하지만, 그보다 더 중요한 것은 걸프의 자본이 지리적 경계를 초월해 요르단, 레바논, 팔레스타인, 레바논, 이집트 등에서 주요 은행들의 지분을 확대해나가고 있다는 점이다. 예를 들어 상위 15개 요르단 은행 중 13개는 걸프 자본이 직간접적으로 소유했다. 이집트에서도 걸프의 자본이 이집트 최대 12개 중 9개 은행 지분의 막대한 규모를 보유하고 있다. 20세기 후반 오랫동안 아랍 금융의 중심이었던 레바논에서도 이런 현상은 또 나타난다. 베이루트는 한 때 아랍 지역의 금융과 비즈니스의 중심이었는데, 현재 이곳에서는 걸프 자본이 레바논 최대 은행 8개 중에서 7개 은행을 차지하고 있다. 특히 걸프 투자 그룹은 레바논 최대 은행인 아우디은행에서 가장 큰 지분을 보유하고 있다. 2022년에는 아부다비 제1은행이 아우디 이집트 은행의 지분 100%를 획득했다.

걸프 은행, 금융, 자본이 보여준 현상들이 통신, 물류, 서비스 등 대부분의 생산 분야에서도 비슷하게 반복되고 있다. 이 모든 분야는 현재 걸프 자본에 의해 운영되며, 완전하게 혹은 부분적으로 걸프 가문 기업들이 소유하고 있다. 《포브스》가 선정한 아랍 100개의 상장기업 중에서 수입, 순이익, 총자산, 주식시장 가치 측면에서 걸프 회사는 91개가 포함되었다. 그중 사우디아라비아에서 33개, 아랍에미리트에서 28개, 카타르에서 16개, 쿠웨이트에서 9개 기업이 선정되었다.

세계 최대의 석유 및 가스 기업인 아람코는 2023년 6,044억 달러의 매출과 2.1조 달러의 시장가치를 기록하며 아랍의 최고 자리를 유지했고, 이어서 사빅이 뒤를 이었다. 사우디아라비아 석유화학회사 사빅은 전 세계 100개 이상의 국가로 제품을 수출하며, 2023년 총 자산 835억 달러로 가장 강력한 아랍 기업 100개 중 2위를 차지했다. 카타르 투자청이 51.9% 지분을 소유한 카타르 국민은행(QNB) 그룹은 2023년 184억 달러 매출과 388억 달러 시장가치를 기록하며 3위에 이름을 올렸다. 이런 점들이 걸프 기업들의 부상을 잘 드러내고 있다.

더욱이 최근 걸프 철강, 알루미늄 회사들의 영향력이 커지고 있다.

20세기 동안 이집트, 알제리, 시리아의 철강, 알루미늄 회사들이 최대 아랍 기업으로 간주되었지만, 걸프가 아랍 중공업 산업의 주도권을 잡으면서 이들 회사는 걸프의 철강, 알루미늄 회사들에 우위를 내주었다. 아랍 세계와 전 세계에서 가장 큰 알루미늄 생산 회사는 현재 전체 글로벌 알루미늄 생산에 크게 기여하고 있다. 1979년 설립된 두바이의 알루미늄 기업 두발은 세계 최대 알루미늄 생산 회사 중 하나로, 두바이의 GDP에 상당한 기여를 하고 있다.

걸프의 부동산 부문 역시 활발한 상황이다. 2023년 《포브스》가 선정한 중동의 상장기업 가운데 6개의 걸프 부동산 회사가 이름을 올렸으며, 이들 회사의 시장가치 총합은 421억 달러에 달한다. 이들 6개 기업은 아랍에미리트 기업 4개, 카타르 기업 1개, 사우디아라비아 기업 1개로 구성된다. 이 중 1위는 두바이에 본사를 둔 암마르로, 1997년에 설립된 이후로 최대 아랍 부동산 기업 순위에서 선두에 서 있다. 암마르는 2023년 현재 360억 달러 가치의 자산을 소유하며 143억 달러의 시장가치를 갖고 있어, 걸프의 순간을 상징하는 부동산 업계의 아이콘이 되었다. 그중에서도 2008년 세계 최대 쇼핑과 엔터테인먼트 관광지로 설립된 두바이몰과 무려 114억 달러를 들여 세계에서 가장 높은 건물인 부르즈 칼리파를 건설한 것은 주목할 만하다. 아랍에미리트의 알다르는 2위에 올랐으며, 이 회사는 야스 아일랜드, 페라리 월드, 림 아일랜드와 같은 상징적인 프로젝트를 수행했고, 시장가치는 116억 달러, 자산은 167억 달러에 달한다.

두바이를 본거지로 하는 부동산 기업들이 아랍 부동산시장을 주도하는 만큼 두바이 도소매, 서비스, 쇼핑의 중심지로 부상했다. 아랍 세계의 쇼핑 애호가들은 이제는 20세기와 같이 카이로나 베이루트의 시장을 찾을 필요가 없으며, 런던과 파리, 밀라노로 여행할 필요도 없다. 가장 화려한 쇼핑몰과 유명한 브랜드들은 이제 아랍 쇼핑의 중심지인 두바이에 위치해 있다. 베이루트는 이전에 20세기 쇼핑객들의 천국으로 여겨졌지만, 그 매력을 상실하고 평화롭고 번영하는 도시가 아닌 파괴된 도시, 전쟁의 도시로 전락하고 말았다. 반면 21세기 두바이는 극단주의, 테러리즘, 폭력의 소용돌이에서 벗어나 휴식, 여가, 관광, 쇼핑을 원하는 사람들을 위한 천국으로 자리매김했다.

이 모든 것은 두바이에서 찾을 수 있다. 두바이는 쇼핑몰과 쇼핑객들로 가득 찬 안전하고 안정적이며 풍요로운 휴식처가 된 셈이다. 두바이는 아랍 부동산 부문을 주도하는 동시에 아랍 무역의 중심지로서 소매와 판매 부문을 선도하고 있다. 두바이는 전체 아랍 세계 쇼핑센터 개수의 30%를 차지하며 전 세계에서 두 번째로 많은 쇼핑센터를 보유하고 있다. 세계 최대 쇼핑센터 10곳 중에서 3개는 두바이에 위치해 있다. 마지드 알 푸타임이 설립한 아랍에미리트의 마지드 알 푸타임 그룹은 아랍에미리트에 16개, 오만에 4개, 이집트 4개, 바레인에 1개, 레바논에 1개의 쇼핑몰을 보유하고 있을 뿐만 아니라 중동과 북아프리카에서 까르푸 매장의 제품을 독점적으로 유통할 권리를 갖고 있다.

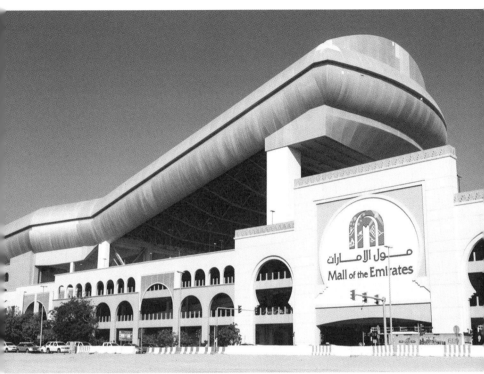

마지드 알 푸타임 그룹이 2005년에 설립한 두바이의 에미리트 몰.

걸프 항공사의 순간

마지막으로, 지난 60년 동안 석유산업이 성취하지 못했던 것을 20년도 채 안 되는 시간 동안 이룬 걸프 항공사를 언급하지 않을 수가 없다. 걸프 항공사들은 걸프의 순간을 세계적으로 알려지게 했다. 걸프 항공사는 5개 대륙에서 걸프의 입지와 명성을 드높이게 했다. 21세기 걸프의 순간은 걸프 국부펀드로부터 힘을 얻었다고 할 수 있지만, 걸프의 순간이 가능했던 결정적인 계기는 걸프 항공사를 통해서였다고 볼 수 있다. 걸프 항공사는 아랍의 상공을 지배하고 있다. 또한 걸프 항공사들은 유럽 미국 항공사들과 경쟁하며 세계로 나아가고 있다. 유럽과 미국의 항공사들은 걸프 항공사들이 새롭게 떠올라 세계 항공 시장을 장악하면서 경쟁에서 밀려나기 시작했다.

1950~1960년대 아랍 세대들에게는 이집트항공사, 레바논의 중동항공이 꿈의 항공사였으며, 이들 항공사는 아랍 여행객으로 붐볐다. 그러나 레바논항공을 통한 여행의 꿈은 오늘날 더 나은 편의를 제공하는 에미레이트항공에서 이루게 되었다. 걸프의 순간의 매력은 다양한 형태로 구체화되었는데, 그중 하나가 바로 감성을 자극하는 걸프항공사를 이용한 여행이다.

과거 걸프의 항공사들은 소박한 항공사였다. 쿠웨이트항공, 걸프항공, 사우디아라비아항공 3개 항공사를 주축으로 한정된 목적지에만 취항했다. 여행의 기쁨과 안락함의 측면에서 걸프의 항공사들은 (레바논의) 중동항공, 이집트항공과 경쟁 상대가 되지 않았다. 하지만 이런 상황이 근본적으로 바뀌었다. 이제는 걸프항공, 쿠웨이트항공, 사우디아라비아항공, 에티하드항공, 카타르항공, 에미레이트항공이 주도권을 장악했다. 2023년 스카이트랙스 항공 순위에 따르면 전 세계 10대 항공사 중 카타르항공은 2위, 에미레이트항공은 4위에 올랐다. 1985년 두바이에 본사를 두고 설립된 에미레이트항공은 창사 이후 35년도 되지 않아 걸프와 다른 아랍 항공사들을 추월했다. 그 이후 에미레이트항공은 프랑스항공사, 네덜란드항공사, 튀르키예항공사, 미국의 유나이티드와 델타항공사, 심지어 전통 깊은 브리티시항공사를 뛰어넘을 수 있었다.

에미레이트항공은 초기에 파키스탄과 인도 노선을 시작으로 요르단과 이집트로 세 번째 노선이 취항했고, 그 후 영국, 독일, 튀르키예로 매일 운항하게 되었다. 항공사 설립 20년 만에 하루 24시간 130개 도시로 논스톱 운항하는 글로벌 기업으로 성장했다. 에미레이트항공은 에어버스 A380과 보잉 777기를 최다 보유하고 있으며, 일 년 내내 하루에 1시간마다 두바이를 출발점으로 동서양의 가장 먼 도시로 논스톱 운항하고 있다. 2017년까지 에미레이트항공은 중동과 북아프리카 지역에서 가장 주요한 항공사로 성장했고, 전 세계 항공사 순위에서도 4위에 올랐다.

에미레이트항공 외에도 현재 아랍 상공을 활보하는 13개의 다른 걸프 항공사들이 있다. 이들은 아랍 승객들을 전 세계의 모든 도시로 운

두바이 공항에 대기 중인 에미레이트항공사 소속 비행기들.

송하고 있다. 가장 오래된 걸프 항공사는 1945년에 설립된 사우디아라비아항공이며, 이어서 걸프항공이 1950년, 그리고 쿠웨이트항공이 1953년에 창립했다. 이 3개 항공사는 1세대 항공사로, 21세기 걸프 민간 항공 분야에서 점차 쇠퇴하며 존재감을 잃었다. 그 후 에미레이트항공이 등장했고, 10년 뒤인 1994년에는 카타르항공이, 그리고 또다시 10년 후인 2004년에는 아부다비에 본사를 둔 에티하드항공이 창설되었다. 이 세 회사는 2세대 항공사로 분류되며, 글로벌 경쟁에서 민간 항공 시장 점유율을 2008년 12%에서 2016년 40%로 크게 높였다. 이들 회사는 장거리 운행이 가능한 총 539대의 대형 항공기를 구매하는 계약을 맺었다. 이 수량은 미국과 중국이 보유한 해당 모델의 항공기 수를 합친 것과 같다.

이외에도 걸프 항공사들은 아랍 지역과 전 세계 항공 산업을 재편하고자 걸프 민간 항공 분야에 이례적인 투자를 모색하고 있다. 이에는 1억5천만 명을 수용해 21세기 최대의 공항이 될 두바이의 알 막툼 공항에 80억 달러를 투자하고, 총 152개의 걸프 민간 항공 인프라에 850억 달러를 투자하는 것이 포함된다. 알 막툼 공항의 규모는 미국의 가장 큰 공항인 오하라공항의 5배에 달한다.

갑작스럽게 걸프는 미국, 유럽, 아시아, 호주의 공항들이 지배해왔던 여행 시장에서 멀리 떨어진 새로운 글로벌 민간 항공의 중심지로 부상했다. 현재 걸프의 공항들은 승객들로 가장 붐비는 공항이 되었다. 두바이공항은 하루에 약 24만6천 명, 연간 약 9천만 명의 여행객을 수용한다. 이로 인해 1세기 이상 동안 승객 수로 세계에서 가장 큰 공항의 자리를 유지해온 히스로공항의 독점을 종식시켰다. 이는 민간 항공 역사상 최초의 사례였다. 아무도 두바이공항이 유서 깊은 영국의 히스로공항과 경쟁해 이를 능가하고, 국제 승객 수에서 21세기 최고의 공항이 될 것이라고 예상하지 못했다. 걸프의 항공사들은 걸프 국가들이 포스트 오일 시대를 준비하며 세계적으로 성장하는 소프트 파워 강국으로 나아가 걸프의 순간을 맞이하는 데 중요한 역할을 하고 있다.

3장

외교 및 정치적 영향력

걸프 소프트파워의 순간

걸프 하드파워의 순간

새로운 걸프 지도자의 순간

경제적인 측면에서 걸프의 순간을 특별하게 만드는 요인 중 하나는 걸프의 경제가 석유 이후의 단계로 진입했다는 사실이다. 그러나 경제적인 이슈만큼이나 중요한 것은 걸프 국가들이 약소국에서 중견국으로 도약한 것이다. 이는 21세기 걸프의 새로운 정치 현상을 보여준다. 걸프의 순간은 걸프 경제가 이룩한 성과 덕분에 석유 시대 이후로 진입할 수 있었다. 하지만 걸프의 순간을 더욱 돋보이게 만드는 것은 아랍 현대 역사에서 이례적인 사건인 '아랍의 봄' 이후 걸프의 정치적 발전과 외교적 성과가 더욱 주목받게 되었다는 점이다. 전통적인 아랍의 무게 중심이 무너지면서 카이로, 다마스쿠스, 바그다드, 알제 등 대도시들의 존재감도 사그라졌다.

　그 자리에 리야드, 아부다비, 도하 등의 걸프 도시들이 등장했고, 그들이 이끄는 새로운 정치 외교 체제가 걸프 지역에 형성되었다. 이 도시들은 더 이상 20세기의 약소국의 수도가 아닌, 다양한 생각과 행동을 보여주며 자신들의 역량을 증명했다. 이 도시들은 엄청난 금융 자원과 뛰어난 발전 성과를 자랑하며, 이전에는 찾아볼 수 없던 자신감과 결단력으로 지역 정치의 장에서 영향력을 발휘하고 있다. 걸프의 수도들은 전략적으로 세계 강대국들과 상호작용하며, 그 과정에서 더 큰 영향력을 발휘하고 있다. 이제 외부 세계는 걸프 국가들을 약소국으로 보는 것이 아니라 새로운 세계 체제에서 부상하는 중견국으로 인식하고 있다.

새로운 걸프 중견 세력의 부상은 세계화와 관련 있다. 걸프 중견국은 정치 외교적으로 약소국과 강대국 사이에 위치한다. 정치적 차원에서의 세계화와 그에 따른 변화는 이미 이루어졌고, 새로운 세계 정치제도를 나타내는 지표들도 변화했다. 세계 국가들을 약소국과 강대국으로 분류하는 것은 과거의 세계 구조의 특징일 뿐이다. 이런 이분법적 세계 구조는 1991년 소련의 붕괴와 함께 사라졌다.

세계는 엄청나게 변화했다. 다극화 체제를 바탕으로 한 구조에서는 더 이상 세계를 약소국과 강대국으로만 나누는 것은 불가능하다. 이런 변화 중 하나로는 중견 국가들과 신흥 제3세계 국가들의 부상이 있으며, 이들은 수적으로나 존재감으로나 그 영향력이 커졌다. 이런 중견 국가들에 사우디아라비아, 아랍에미리트, 카타르가 있다. 이 국가들은 아랍 지역 전체에서 사안의 중요성과 상관없이 모든 문제에서 영향력을 발휘하고 있다. 아랍에미리트와 카타르는 약소국의 이미지를 벗어던지고, 부상하는 중견 세력으로서 아랍 지역과 세계적인 관점에서 인정받았다. 현재의 '걸프의 순간'이 탄생하는 과정에서 나타나는 뚜렷한 특징 중 하나가 바로 이런 중견국들의 정치적 · 외교적 ·

군사적 역량 강화다.

　20세기 대부분의 시간 동안 사우디아라비아를 제외한 쿠웨이트, 바레인, 카타르, 아랍에미리트, 오만과 같은 걸프 국가들은 대체로 석유만 생산해내는 약소국으로 간주되었다. 이들에게는 큰 국가적 힘도 세력도 없다고 보는 관념이 지배적이었다. 다수의 연구는 이런 국가를 120여 개의 약소국 중 하나로만 묘사했다. 또한 이들 국가는 안보적 위협, 정치적 혼란, 사회적 불안, 경제위기, 취약한 외교 및 군사력, 그리고 주변 강대국의 잦은 간섭 등의 부정적인 모습으로 특징지어지곤 했다. 약소국들은 자국의 지속성을 위해 필요한 요소들을 갖추지 못했고, 강대국으로부터 외교적 보호, 재정 지원, 그리고 원조가 절실하게 필요한 국가들로 여겨졌다. 이런 국가를 약소국으로 분류하기 위한 주요 지표에는 인구, 지리, 국내 생산 규모와 더불어 약소국으로서의 존재 의식을 가지고 행동해야 하는 지도자들의 심리적·행동적 그리고 법적 이해가 포함된다.

　반면에 중견국으로 분류된 국가들은 인구나 영토 면에서 작지만 지역적이나 세계적으로 영향력과 세력을 발휘할 수 있는 요소들을 가지고 있다. 중견국은 자신들을 약소국으로 인식하지 않는 심리적·행동적 특성을 갖고 있다. 2021년 기준 중견국 명단에는 5대륙에 걸쳐 51개 국가가 포함되어 있으며, 이 중에는 아시아의 한국, 인도네시아, 말레이시아, 싱가포르, 베트남, 유럽의 그리스, 폴란드, 포르투갈, 덴마크, 남미의 칠레, 아르헨티나, 아프리카 대륙의 남아프리카공화국과 나이지리아, 그리고 캐나다가 포함되었다. 특히 주목할 만한 점은 이라크, 이집트, 알제리, 모로코, 사우디아라비아, 아랍에미리트, 카타르, 쿠웨이트 등 아랍 국가도 포함되었다는 것이다.

중견국들이 더 주목받는 이유는 이들 국가가 대체로 정치적 안정, 경제적 번영, 사회적 결속을 누리고 있다는 사실에 기인한다. 이 국가들은 자신들을 약소국으로 생각하지 않는다. 그들은 세계 안보와 안정에 대한 책임감을 가지고자 한다. 국제기구와 협력해 긴장을 완화하고, 분쟁을 해결하며, 가난과 환경 파괴, 테러, 인신매매와 같은 어려운 위기들을 극복하고자 한다. 이들 국가는 국제기구, 특히 유엔을 통해, 또한 강대국과 파트너십을 통해 이런 문제들을 해결하려 노력하고 있다. 사우디아라비아, 아랍에미리트, 카타르와 같은 걸프 국가들은 '걸프의 순간'을 선도하고, 아랍 전체에서 리더십 역할을 수행하고 있다. 걸프 국가들은 소프트파워이자 하드파워로서, 그리고 야망을 가진 젊은 지도층으로서 GCC와 함께 그들의 소임을 다하고자 한다.

걸프 소프트파워의 순간

걸프 소프트파워는 '걸프의 순간'과 '새로운 걸프 현실'을 보여주는 주요 요소들 중 가장 핵심적인 부분이라 할 수 있다. 21세기가 시작됨에 따라 전통적인 아랍 국가들의 세력, 예를 들면 이집트와 레바논과 같은 국가들의 영향력은 약화되었다. 현재 아랍 세계에서 영향력을 행사하고 영감을 주는 세력은 걸프 소프트파워뿐이라고 할 수 있다.

현재 걸프 국가들이 가진 여러 매력 가운데 사우디아라비아가 맡고 있는 이슬람 세계의 정신적·종교적 중심 역할과 견줄 만한 것은 없다. 또한 아랍에미리트와 같은 발전 모델도 흔하지 않다. GCC와 같은 지속적인 아랍 연합 모델도 찾아보기 어렵다. 아랍 세계에는 새로운 걸프 도시들의 화려함을 따라잡을 만한 곳이 없다. 사우디아라비아, 쿠웨이트, 아랍에미리트 사업가들의 성공에 도전할 기업인들도 없다. 또한 아랍 청년들의 재능을 끌어모으는 걸프의 노동 환경과 같은 조건을 제공하는 곳도 없다. 걸프의 대학과 같이 세계에서 500개 유수 대학 목록에 포함될 만한 대학도 없으며, 걸프 도서박람회와 같은 세계적인 도서박람회에 대적할 수준의 박람회도 없다. 아랍 대중들의 여론을 형성하고 흥미를 불러일으킬 수 있는 걸프 위성방송의 영향력에 비할 만한 다른 아랍 국가의 위성방송도 부재하다.

걸프 회사들처럼 세계적인 수준의 기업들과 경쟁할 수 있는 초국적 아랍 기업도 찾기 힘들다. 결정적으로 걸프 지도자들처럼 열정을 가진 젊은 아랍 정치지도자들 또한 부재하다. 더욱이 걸프 외에는 2022년 월드컵, 2020년 엑스포, 2020년 G20 정상회의와 같은 세계적인 행사를 유치할 수 있는 아랍이나 중동의 국가도 없다. 이런 사실은 걸프 소프트파워가 아랍 세계에서 부상하고 있음을 보여준다. 그리고 이런 현상의 이면에는 더 깊은 의미가 내재되어 있다. 즉 어떤 분야에서든 소프트파워가 되려면 영감을 안겨줄 수 있어야 하고, 롤모델로 자리매김해야 한다. 그들은 폭넓은 대중들로부터 자발적으로 인정받아야 한다. 그들의 이미지는 긍정적이어야 하며, 그들의 명성은 자연스럽게 얻어진 것이어야 한다. 그들은 지역적 차원에서 영향력을 행사하고, 긍정적인 영향을 주어야 한다. 소프트파워는 실질적인 증거를 남기지 않고서는 소프트파워로 자리매김할 수 없다. 감각적·이성적·감성적으로 흔적을 남겨야만 모두가 닮고 싶어 하고 인정하는 소프트파워로 발전할 수 있다.

걸프 소프트파워의 등장은 오랜 역사를 가진 아랍 및 중동 지역 소프트파워를 앞질렀다. 기존에는 이집트가 유구한 문명, 영감을 주는 지도자, 활발한 문화와 사상운동, 앞선 대학 기관, 사랑받는 이집트 방언, 아랍연맹 본부, 영향력 있는 언론매체 등 소프트파워의 모든 요소를 가지고 있었다. 하지만 이집트는 21세기 초 20년 동안 그 소프트파워와 지도력을 상실했다.

그 후 이란이 지역 대중들에게 혁명적인 소프트파워로 떠올랐다. 이란은 미국과 시온주의자들의 계획에 저항하려는 사람들과 억압받아 온 대중들을 향해 강력한 메시지를 전달했다. 그러나 이란의 혁명은 그 빛을 잃었다. 이란은 소프트파워에서 확장주의 세력으로 변모해 페르시아제국을 부활하려 했으며, 이웃 국가들의 내부 문제에 간섭해 지역의 안보와 안정을 위협했다. 이어서 튀르키예가 잠시 역내 소프트파워로서 또한 영감을 주는 세력으로 등장했다. 튀르키예는 정치적 안정과 경제적 번영을 갈망하는 역내 대중들에게 민주주의의 좋은 본보기로, 서양 세속주의와 중세 이슬람문화의 장점을 모두 결합해 보여주었다. 하지만 튀르키예식 모델은 오래 지속되지 못했다.

카타르는 천연가스 수출, 알자지라 방송국, 그리고 전 국왕인 셰이크 하마드 빈 칼리파 알 사니의 아랍의 봄 혁명 지원 열망 등을 바탕으로 걸프의 소프트파워로서 아랍 세계에 큰 영향력을 끼치며 부상했다. 최근 15년 동안 카타르의 외교는 아랍 국가들의 복잡한 갈등 해결에 적극적이며 성공적이었다. 특히 레바논, 예멘, 수단, 팔레스타인 문제 해결에 주목할 만하다. 카타르의 외교 정책은 이란, 미국과 같은 세계적 또는 지역적인 경쟁 세력 간의 갈등 속에 독자적인 외교 정책을 취함으로써 큰 이득을 얻었다. 카타르의 소프트파워는 아랍 지역에서 여전히 영향력을 발휘하고 있는 알자지라 방송을 통해 더욱 확연하게 떠올랐다.

카타르는 여러 강대국과 경쟁을 통해 2022년 월드컵 개최를 위한 큰 투자와 외교적 노력을 기울였고, 그 결과 아랍, 중동에서는 최초로 세계 최대 스포츠 행사인 월드컵을 개최했다. 하지만 카타르가 소프트파워 강국으로 부상한 것은 아랍의 봄 이후의 일이다. 사우디아라비아, 이집트, 아랍에미리트, 바레인 등 아랍 강대국들이 카타르와의 단교*를 결정했다. 이들 국가는 카타르가 테러단체를 지원하며 테러

단체에 재정적인 원조를 제공한다는 이유로 이런 결정을 내렸다.

아랍에미리트는 새로운 소프트파워 강국으로서 걸프와 아랍 지역에서 독보적으로 부상했다. 아랍에미리트는 발전의 표본, 연합국가의 모델로서, 지역의 어떤 국가도 달성하지 못한 광범위한 영역에서 긍정적인 영향력을 발휘하고 있다. 양질의 일자리를 제공하며, 우수한 실력과 창조력, 그리고 창의성을 겸비한 아랍 인재들을 끌어들이고 있는 아랍에미리트는 기업인들에게도 안정적인 투자 환경과 안락한 생활 거처를 제공한다. 세금 면제, 부동산 소유의 수월함, 고등교육 제도, 문화를 존중하는 다원화된 사회, 다양한 커뮤니티의 공존, 프랑스 소르본대학과 뉴욕대학(NYU) 등 명문 대학들의 분교 설립이라는 다양한 장점을 보유하고 있다. 최근 아랍에미리트는 자신들의 지역적 · 세계적 명성을 높이고, 아랍은 물론 세계 전역에서 높이 평가받을 수 있도록 소프트파워로서의 역량을 강화하기 위해 아랍에미리

카타르 단교 사태 사우디아라비아, 바레인, 아랍에미리트, 이집트의 아랍 4개 국가가 카타르의 이슬람 테러 조직 지원 및 이란과 우호 관계 유지 등을 이유로 2017년 단교를 선언했다. 카타르는 하마드 빈 칼리파 알 사니 카타르 국왕 취임 이후 사우디아라비아 주도의 역내 패권 구도에서 벗어나 독자적인 정치적 행보를 취해왔다. 특히 알자지라의 명성을 기반으로 2010년 말 중동 및 북아프리카 전역에 확산된 아랍의 봄 당시 반정부 시위를 지지하는 메시지를 보도했으며, 이는 걸프 왕정에 위협이 되는 상황이었다. 또한 카타르는 수니파 걸프 왕정과 대립 관계에 있는 이란과도 우호적인 관계를 유지해왔다. 그리고 무엇보다 걸프 왕정에 가장 큰 정치적 위협으로 여겨지는 무슬림 형제단을 포함한 이슬람 단체들을 지원하는 것으로 알려지면서 주변 아랍(걸프) 국가들이 단교를 선언하는 상황에 이르렀다. 이 사태는 잘 일단락되어 2021년 사우디아라비아에서 합의된 알울라협정을 계기로 카타르와 주변국의 관계 정상화가 이루어졌다.

트 국가소프트파워위원회를 결성했다. 아랍에미리트는 이런 위원회를 결성해 그들의 꿈으로 알려진 경제발전 모델과 연합정부의 표준이 되는 모습을 전 세계에 알리고 인정받고자 했다.

아랍에미리트는 '아랍의 현인(賢人)'이라는 명성을 얻은 셰이크 자이드*, 즉 에미리트 건국의 아버지가 추진한 정책에서 출발해 롤모델로서 아랍 국가를 이끌었다. 아랍에미리트는 아랍 주변국들에 개발 모델을 확산하는 데 성공했다. 동시에 아랍에미리트는 아랍 세계 전역에서 우호적인 분위기를 형성하고, 인도적인 입지를 더욱 확고히 해왔다. 아랍에미리트 정책에 동의하지 않는 사람들조차 연합국가와 발전 모델을 세운 자이드의 타협적인 방식에는 찬성한다. 자이드는 현재에 집중하는 동시에 미래지향적인 이니셔티브도 구축했다.

아랍에미리트는 현재 어디에 있는지, 2030년에 어디로 가고 싶고, 2050년에 어디로 가야만 하는지 명확히 인지하고 있다. 이와 달리 다른 아랍 국가들은 아랍에미리트처럼 미래를 철저히 계획하거나 미래 산업을 발전시키지 않았다. 아랍에미리트는 아랍 지역에서 처음으로

셰이크 자이드 빈 술탄 알 나흐얀 셰이크 자이드 빈 술탄 알 나흐얀(1918-2004)은 1971년부터 2004년까지 아랍에미리트의 초대 대통령으로 활약했다. 그의 뛰어난 지도력으로 아부다비, 두바이, 샤르자, 아즈만, 움무 알꾸와인, 후자이라, 라스 알 카이마와 같은 7개의 토후국이 안정된 연합체를 형성할 수 있었고, 아랍에미리트의 안정된 기반이 창출되었다. 이런 공헌으로 그는 아랍에미리트 건국의 아버지로서, 아랍어로 '하킴 알 아랍', 즉 '아랍의 현인(賢人)'으로 일컬어지기도 한다. 현재 그의 묘소는 아부다비의 셰이크 자이드 그랜드 모스크에 위치해 있다.

미래부라는 이름의 정부 부처를 설립했다. 아랍에미리트는 미래산업을 만들어냈고, 이를 효과적으로 마케팅하고 홍보했다. 또한 미래산업 도시를 건설하고, 기업을 창업하고 표준을 제시했다. 그 결과 세계적으로 경쟁력 있는 브랜드들을 탄생시켰다.

더욱이 아랍에미리트는 유명한 스포츠 클럽을 후원하고 세계 대회에 많은 지원을 제공하며 아랍에미리트라는 이름을 품격 있는 브랜드로 세계에 널리 알렸다. 이는 아랍 지역뿐만 아니라 전 세계에서 깊은 영감을 줄 수 있는 소프트파워를 구축하는 데 기여했다. 특히 이런 명성은 재능 있는 청년들과 크리에이터들 사이에서 널리 알려졌다. 이런 집중적인 마케팅 노력은 충분히 가치가 있었다. 아랍에미리트는 2015년 가장 중요한 소프트파워를 가진 세계 30개 국가 중 하나로 선정되었다. 그리고 2023년 아랍에미리트는 세계 10위 소프트파워 국가가 되었다. 또한 아랍 청년 설문조사에 따르면 아랍에미리트는 12년 연속 아랍 청년들이 가장 살고 싶은 나라로 꼽히고 있다. 그 뒤로는 미국, 캐나다, 카타르가 뒤따르고 있다.

아랍에미리트의 발전과 연합정부 모델이 현재 걸프 소프트파워의 순간을 주도하고 있다. 이 파워가 지닌 외교적 능력을 이해하기 위해서는 42년간 이어온 GCC의 여정을 알아야 한다. 이 같은 걸프 협력의 순간과 걸프 외교의 순간은 아랍 외교 활동의 방향을 이끌었다. 걸프가 가진 영향력의 가장 중요한 근원은 걸프 국가들이 역내 시스템으로 긴밀한 관계를 지닌 집단으로서 정치 및 외교적 측면에서 정치

사우디아라비아 메카의 대모스크.

적 협력을 이끌어내는 행동이라고 할 수 있다. 이런 집단적 협력의 임무는 아랍의 어떤 단체도 맡아본 적이 없다. GCC의 존재감은 갈수록 커지고 있으며, 이는 점차 줄어들고 있는 아랍연맹의 활동을 이끌어 가고 있다.

따라서 걸프 국가의 영향력은 두 가지 차원에서 정의될 수 있다. 하나는 독립적인 국가 개체로서의 차원이고, 다른 하나는 통합된 지역 단체로서의 차원이다. GCC는 여전히 남아 있으며 계속 발전하고 있다. GCC의 42년간의 성과들은 현재 걸프 결집의 태동이며, 21세기 전반기 남은 기간 동안 걸프 소프트파워의 정치적 영향력을 새로운 단계로 이끌어 갈 것이다.

사우디아라비아는 걸프 소프트파워의 순간에 특별한 위상을 차지하고 있다. 이는 사우디아라비아에 이슬람의 성지인 메카와 메디나가 위치해 있다는 사실 때문이다. 3,300만 명의 무슬림이 사우디아라비아를 방문하며, 이 중 200만 이상이 하지 순례를 위해, 그리고 1,500만 이상이 우므라 순례를 위해 전 세계에서 매년 이슬람의 성지로 모여들고 있다. 이 땅에서 종교적 측면에서 사우디아라비아와 경쟁할 만한 국가는 없다.

사우디아라비아는 이슬람 정체성을 보존하고 있으며 영원한 예언자 무함마드의 메시지가 남겨진 성소들이 현존하고 있다. 사우디아라비아의 소프트파워는 이런 종교적 역할과 관련되어 있으며, 최근 논란의 중심에 있는 와하비즘 및 살라피 정체성의 부활에 일조하고 있다.

무함마드 이븐 압둘 와합은 근본적으로 통일된 개혁 정책을 요구했다. 그는 와하비즘을 아라비아반도를 넘어 전 세계로 전파시켜, 지역적 그리고 세계적으로 정신적인 종교운동으로 성장시켰다. 이는 특히 살라피 청년층에 큰 영향을 주었다. 최근에는 극단주의 세력과 지하드 단체들이 와하비즘 사상을 받아들여 초국가적 테러단체의 근원으로 여겨졌다. 이들은 전 세계의 극단화 현상에 주요한 책임이 있는 것으로 간주되고 있다. 와하비즘의 실체와 그 정체성에 대한 갑론을박에도 불구하고 확실한 것은 사우디아라비아 살라피즘의 영향력이 각기 다양하게 나타나고 널리 퍼지고 있다는 것이다.

걸프 하드파워의 순간

걸프의 순간의 영향력은 소프트파워에만 국한되지 않는다. 아랍의 봄을 통해 걸프 국가들은 새로운 영역으로 진출해갔다. 그들이 정치적 영향력을 미칠 수 있는 전략적 분야로 확장한 것이다. 걸프 국가들은 발전된 군대를 구축했으며, 때로는 개별적으로, 때로는 걸프 집단적인 차원에서 군사력을 광범위하게 확대했다. 세계 강대국들과 테러단체인 ISIS에 대한 항공 작전과 예멘내전과 같은 군사작전에 참여하기도 했다.

20세기 대부분의 시간 동안 걸프 국가들이 존재했음에도 그들의 군사력과 역량은 최저 수준이었다. 하지만 이들 국가는 국방력이나 군비 지출에 관대한 태도를 견지하고, 수백만 달러에 이르는 무기 구매 계약을 체결했다. 그럼에도 불구하고 이런 작은 석유 국가들과 신생 독립국가들을 하드파워라고 여기거나 이 국가들이 언젠가 군대를 파병할 정도의 군사력을 갖출 것이라고 상상하는 사람은 거의 없었다. 외부의 시선에서는 그들의 행동은 군사 퍼레이드와 같은 보여주기식 행사에 국한되었고, 석유 수익의 일부 자금을 군비로 책정해 서방 동맹국들의 신뢰를 얻는 것에 그쳤다. 이들은 이란에 대적할 수 있는 군사력을 갖추기 위해 군비 경쟁에만 초점을 맞추면서 악순환을 되풀이 할 뿐이었다.

그러나 모든 예상을 뒤엎는 일들이 발생했다. 이런 작은 걸프 국가들 중 일부는 군사 강국으로 거듭났으며, 세계에서 가장 발전된 방어 및 공격 무기를 보유하게 되었다. 또한 걸프 국가들의 군사력은 이제 국가 행사일에만 보여주기 위한 군대가 아니라 아랍과 중동 지역에서 가장 높은 수준을 자랑하게 되었다. 세계적인 군사력 평가기관 글로벌파이어파워가 발표하는 2023년 세계 군사력 순위에 따르면 사우디아라비아는 60가지 지표를 기준으로 아랍 지역에서 가장 강력한 군사력을 가진 이집트 다음으로 2위를 차지했다. 이는 전통적으로 강력하다고 여겨졌던 이라크, 시리아, 알제리, 수단 등의 군사력을 앞서는 결과다.

아랍에미리트는 수단, 요르단, 튀니지, 레바논 등이 포함된 아랍 지역 14개 국가 중에서 다섯 번째로 강력한 군대를 보유한다. 글로벌파이어파워에 따르면 60개 지표 중 기술 발전 면에서 아랍에미리트는 가장 강력한 군대로 평가받는다. 군사력을 가진 약소국들도 발전된 신규 군사 기술을 확보해 다른 많은 국가와 경쟁할 수 있게 되었다. 하지만 그럼에도 아직 기술적으로는 발전이 미흡한 부분이 많다.

이런 걸프 국가들의 대외적 군사력은 엄청난 규모의 국방비 지출의 결과라고 할 수 있다. 2022년 기준 사우디아라비아의 군사비는 456억 달러, 아랍에미리트는 203억 달러, 오만 64억 달러, 쿠웨이트 91억 달러, 카타르 84억 달러, 바레인은 14억 달러로 기록되었다. 나머지 아랍 국가들의 군사비 총 지출액은 사우디아라비아와 아랍에미리트 두 국가의 군사비와 견줄 만한 규모다.

걸프 국가들의 군사력 상승은 이들 국가가 취약하며 외부 보호 없이는 존속하기 어렵다는 고정관념을 뒤집었다. 이들 국가는 짧은 시간 내 강력한 군사력과 최첨단 무기를 보유하고, 이를 통해 하드파워로서 행동하고 있다. 또한 정치적이고 전략적인 목표를 실현하기 위해 군사력을 활용하고, 강력한 군사력으로 아랍 국가들에 영향력과 존재감을 확대하고 있다. 새천년의 시작과 함께 걸프 국가들은 약한 국가에서 강한 국가로, 소프트파워에서 하드파워로, 외부에 의존하는 국가에서 스스로 방어가 가능한 국가로 변모했다. 더욱이 방어만 하는 국가에서 선제공격 및 예방 공격이 가능한 국가로 발전했다. 이것은 위협이 도달하기 전에 먼저 위협 요인을 제거하는 것을 의미한다. 이제 걸프 국가들은 위협을 직접 가하고, 적의 깊은 곳으로 전투력을 이동시키는 단계에 이르렀다. 걸프 국가들은 힘의 언어를 사용하고, 압박하는 행동을 보여주는 동시에 정치적 결단력을 강력하게 발휘했다.

2017년에는 사우디아라비아, 아랍에미리트, 바레인이 카타르를 상대로 강력한 정치적 압박을 가했다. 이들 국가는 도하를 고립시키기 위해 국제사회에 압박을 가했다. 이런 압박 조치로 해상, 육상, 항공 국경의 폐쇄 및 GCC 회원 자격을 중지할 것을 요구했다. 또한 이들은 카타르에 알자지라 폐쇄, 카타르 내 튀르키예 군사기지 폐쇄, 이란과의 정치적·안보적·군사적 관계 축소 등의 13개 요구 사항을 즉각 수용할 것을 요구했다. 이는 2014년 리야드 합의 의무 불이행에 대한 규제 중 하나인 동시에 테러단체 및 개인에 대한 보호와 지원, 재정 지원의 혐의에 대한 제재로 평가할 수 있다. 이런 일련의 행동은 새로운 걸프의 모습을 보여주며, 이는 아랍의 봄 이후 등장한 걸프의 하드 파워로서의 새로운 현상에 바탕을 두고 있다.

사우디아라비아는 자신의 강력한 군사력을 보여주기로 한 국가의 대표주자다. 사우디아라비아는 적대 국가들과 힘의 언어로 단호하게 대화하며, 위협적이고 협박적인 언어를 구사했다. 이것은 지난 70년 간의 사우디아라비아 외교 정책에서 일반적으로 볼 수 없었던 새로운 변화다. 무함마드 빈 살만 왕세자는 사우디아라비아가 이란과의 대화를 중단하고 지속적인 저항을 표현하며, 이란 깊숙이 침투할 것이라고 강하게 발언하기도 했다.*

사우디아라비아의 전 외교부 장관 사우드 파이살 왕자는 "우리는 전쟁광이 아니다. 하지만 전쟁의 북소리가 우리에게 들리면 우리는 대응할 것이다."라고 말했다. 사우드 파이살 왕자는 40년간 사우디아라비아 외교부 장관으로 재직하면서 이전에는 전쟁이라는 단어를 공개적으로 언급하지 않았고, 위협적이거나 협박적인 언행도 하지 않았다. 이것은 사우디아라비아 외교의 명백한 변화를 보여주는 예시다.

사우디아라비아 아딜 알 주베이르 전 외교부 장관 역시 여러 공식 행사에서 단호하게 발언했다. 그는 시리아의 바샤르 알 아사드 대통령에 대해 군사적 선택을 해야 한다며, 사우디아라비아는 아사드 대통령이 물러나지 않는다면 군사력을 동원할 것이라고 위협했다. 이 모든 행동은 사우디아라비아의 자신감에서 비롯된 것이며, 아랍 국가

사우디아라비아와 이란의 라이벌 관계 이슬람 주요 종파인 수니파와 시아파의 갈등은 예언자 무함마드가 후계자를 지정하지 않고 사망하면서 시작되었다. 무함마드 사후 후계자를 정하는 과정에서 무슬림들은 무함마드의 혈통을 후계자로 삼아야 한다는 시아파와 합의를 통해 지정해야 한다고 하는 수니파로 나뉘었다. 이런 종파적 갈등은 현대에 들어 중동의 주요 패권국인 수니파 종주국 사우디아라비아와 시아파 종주국 이란 간의 정치적 갈등이 고조되면서 더욱 부각되었다. 사우디아라비아와 이란은 주요 석유 생산 국가이며 중동 지역에서 가장 큰 영토와 인구를 보유한 국가들 중 하나로 역내 주요 강대국이라 할 수 있다. 사우디아라비아와 이란은 원만한 관계를 유지해왔으나 1979년 이란-이슬람혁명 이후 이란이 기존의 왕정을 무너뜨리면서 이란과 사우디아라비아의 본격적인 경쟁 관계 구도가 형성되기 시작했다. 이란이 시아파 단체를 주축으로 해서 중동 내에서 영향력을 확대하려고 하면서 사우디아라비아와 이란의 갈등은 수니파와 시아파 갈등으로 묘사되기도 한다. 하지만 이런 양국의 갈등의 본질은 역내 헤게모니를 확대하고자 하는 양국의 정치적 싸움으로 분석하는 것이 더 맞는다고 할 수 있다. 한편 사우디아라비아와 이란 간의 갈등은 2023년 3월 중국의 중재로 화해에 합의하면서 최근 완화될 조짐을 보이고 있다.

들의 군사력 강화를 보여주는 지표로 해석될 수 있다. 이에 대한 반응으로 이란은 만약 사우디아라비아가 이란 국경에 접근한다면 사우디아라비아의 존재를 지워버리겠다는 경고를 보냈다.

걸프 국가들의 단호한 언행과 위협은 그들의 군사적 힘을 강조하고, 이를 통해 정치적 목표를 이루려는 의지를 드러내는 것이다. 이는 걸프 하드파워의 핵심적인 특성이다. 그러나 이런 언어적 표현보다 훨씬 중요한 것은 이들이 실질적인 무력의 사용을 전제로 했다는 것이다. 이는 말로만 군사적 힘을 강조하는 것이 아니라 실질적으로 군사 행동을 취할 수 있는 역량을 갖고 있다는 것을 보여준다. 걸프 국가들은 민간인의 복장이 아닌 군복을 입고 직접 행동에 나서고 있다. 걸프의 군대들은 바레인 왕정을 지키기 위해 병력을 파견하고, 예멘에 육군, 해군, 공군을 보내 합법적인 정부를 지원했다. 그들은 가장 위험한 테러 조직에 맞서기 위해 최신 전투기를 이라크로 보내고, 리비아의 독재자를 타도하기 위해 특수부대를 파견했다. 나아가 시리아의 혁명을 돕기 위해 금전적·물자적 지원을 아끼지 않았다.

사우디아라비아의 전투기들이 시리아 상공을 날아다니고, 아랍에미리트의 항공기와 공군이 예멘 상공에서 활동하며, 카타르의 항공기와 공군이 리비아 상공에서 활동하고 있다는 사실은 아랍 역사에서 걸프의 하드파워 순간이 나타나고 있음을 보여준다. 이런 실질적인 행동들이 걸프의 하드파워 순간이 지속될 것임을 확인시켜준다. 사우디아라비아와 아랍에미리트는 세계에서 군사비 지출이 많은 국가 중 하나다. 걸프 국가들은 최신식 무기, 장비, 탱크, 전투기, 장갑차, 함대, 그리고 전투함을 보유하고 있다. 특히 성능이 우수하고 가격이 비싼 방어 미사일 체계를 보유하고 있다.

이들의 무기와 장비들은 단순히 군사 퍼레이드를 위한 보여주기식이 아니라 국가의 안보와 안정, 그리고 안위를 지키는 데 사용되고 있다. 이는 이란의 위협에 대응하고, 테러 공격에 맞서며, 지리적으로 먼 곳까지 선제공격을 감행하려는 의도를 담고 있다. 사우디아라비아와 아랍에미리트 전투기의 양 날개는 걸프 하드파워의 순간이 도래했음을 드러낸다.

새로운 걸프 지도자의 순간

단호한 연설과 군사력의 사용은 현대 아랍 역사에서 걸프의 순간을 논하는 데 떼려야 뗄 수 없는 부분이다. 하드파워란 무력을 사용하고자 하는 의지와 그 능력을 가리키며, 난해한 지역 정치의 문제를 해결하기 위해 제재를 가하는 역량을 의미한다. 또한 하드파워는 군사적인 해결책을 제공하며, 안보 위협과 외부의 위협에 대응하는 강한 신념을 내포한다. 이런 하드파워의 속성은 걸프의 새로운 상황을 묘사하는 데 있어 소프트파워와 함께 중요한 역할을 한다.

더불어 걸프 국가들의 권력이 젊은 지도자층으로 이동하고 있는 것은 현대 아랍 역사에서 목도되는 중요한 변화다. 이는 지난 20년 동안 명확하게 나타났으며, 현재 소프트파워와 하드파워는 현대 아랍 역사를 주도하는 중추적인 역할을 하고 있다. 걸프 국가들은 아버지 세대가 세운 국가 구축 단계를 넘어섰다. 어렵게 국가를 세운 아버지 세대를 지나, 걸프의 새로운 시대를 창조한 첫 번째 탄생의 시기를 거쳤다. 독립 성취, 석유 개발, 지대추구 국가 설립, 복지국가 확립, GCC의 창설 단계를 거쳐 통치력과 경험, 그리고 아버지 세대의 유연성을 계승한 새로운 걸프 왕자의 세대가 등장했다.

국가를 세운 아버지 세대의 지도자들은 보수적인 표본으로, 외부 사안보다는 내부에 집중한 것으로 알려져 있다. 이런 건국의 아버지 세대는 오만의 술탄 카부스 빈 사이드를 마지막으로 정치 영역에서 물러났다. 이들은 왕실의 정통성, 정치적 권력, 그리고 국가적 부를 다음 세대의 왕, 왕자, 통치자, 셰이크에게 물려주었다. 이런 권력 이양은 가족 간의 합의와 국민의 동의를 바탕으로, 안정적이고 번영하는 내부 상황 속에서, 위협이 도사리고 있는 복잡한 주변 지역 분위기에도 불구하고 유연하게 이루어졌다.

카타르의 셰이크 하마드 빈 칼리파 알 사니는 1995년 43세 나이로 즉위해 15년간 통치하며 카타르를 떠오르는 스타로 만들었다. 바레인에서는 49세의 셰이크 하마드 빈 이사 알 칼리파가 1999년에 왕위를 계승했다. 그는 바레인 정치의 민주적 전환을 이끄는 데 집중했다. 그 결과 바레인을 토후국에서 입헌군주국으로 전환시켰다. 또한 바레인의 국명을 바레인에서 바레인왕국으로 개정하며 국왕을 이슬람 국가의 왕을 지칭하는 에미르(emir)에서 왕(malik)으로 승격시켰다.

2004년, 56세의 셰이크 칼리파 빈 자이드 알 나흐얀은 아부다비의 통치권을 계승하며, 아랍에미리트 건국자인 자이드 빈 술탄 알 나흐얀의 뒤를 이어 아랍에미리트의 대통령이 되었다. 그는 또한 44세의 셰이크 무함마드 빈 자이드를 아부다비의 통치자로, 그리고 56세의 무함마드 빈 라쉬드를 두바이의 통치자로 임명했다. 이런 결정은 아랍에미리트를 지역적 그리고 세계적인 금융 비즈니스의 중심지로 끌어올리며, 아랍의 새로운 결정들을 내리는 수도 중의 수도로 만들었다. 그리고 셰이크 칼리파 빈 자이드 알 나흐얀도 2022년 역사의 한 페이지의 막을 내리며 세상을 떠났다. 그리고 그의 형제 셰이크 무함마드 빈 자이드의 새로운 시대가 막을 열었다.

한편 카타르의 셰이크 하마드 빈 칼리파 국왕은 왕정을 강화한 뒤 2013년에 갑자기 통치 권력을 그의 아들인 33세의 셰이크 타밈 빈 하마드에게 이양했다. 이후 카타르는 내부 문제에 집중하고 2022년 월드컵 준비에 정신이 없었다. 특히 아랍 여러 국가가 카타르와의 관계를 끊어버림으로써 생긴 정치적·경제적 파장에 대응하느라 여력이 없었다.

사우디아라비아에서는 건국자인 아버지 세대로부터의 합법성과 권력이 젊은 아들과 왕자의 세대로 이전되었다. 살만 빈 압둘아지즈 국왕은 79세인 2015년에 권력을 물려받았으며, 그의 아들인 57세 무함마드 빈 나이프를 총리로, 그리고 그의 다른 아들인 30세 무함마드 빈 살만을 국방 장관으로 임명했다. 이런 갑작스러운 결정에 따라 무함마드 빈 살만은 새로운 걸프 왕자들 중에서 최연소의 나이에 단호한 폭풍 작전을 이끄는 책임을 맡았으며, '사우디 비전 2030'을 통해 21세기의 새로운 경제 체제로 전환을 추진하는 일을 맡았다. 그는 현재 사우디아라비아의 총리에 임명되어 실권을 행사하고 있다. 이 모든 변화는 사우디아라비아가 새로운 미래로 나아가는 길을 열고 있다는 것을 보여준다.

걸프 지역의 젊은 왕자들이 맡은 주요 임무는 안보 유지, 안정과 내부 번영이었다. 이들이 즉위한 시기 모든 아랍 국가들은 안보 위협을 받고 있었으며, 안정성이 부족했다. 무엇보다 아랍 역사에서 전례 없는 지도자 공백으로 절망에 빠져 있었다. 유명한 아랍 지도자 가말 압델 나세르가 1970년 사망한 이후 아랍 세계에서는 무력하거나 설득력 없는 지도자들만 등장했다. 나세르가 누린 명성을 원했던 무암마르 카다피는 나세르의 후임자를 자처했지만, 일련의 이성을 상실한 행동을 벌였고, 권력과 부를 독점하려 했다. 그의 광기 어린 통치와 충격적인 행동은 리비아 국민들을 실망시켰고, 결국 그는 2013년 비참한 최후를 맞이했다.

사담 후세인 역시 움마의 지도자가 되길 원했다. 하지만 그는 불합리한 전쟁을 일으키고 공포에 기반한 공화국을 세우며, 1990년에는 쿠웨이트를 침공하는 심각한 실수를 저질렀다. 이런 사담 후세인 정권은 명분을 상실한 미국의 이라크 침공으로 막을 내렸고, 이로 인해 이라크는 심화된 종파 간 분열에 시달리고 있다. 그 후 헤즈볼라의 지도자인 하산 나스랄라의 시대가 시작되었다. 그는 2000년 레바논 남부를 이스라엘의 점령에서 해방시키고, 2006년 시오니즘에 강하게 대응함으로써 아랍 대중의 인기와 주목을 받았다. 하지만 이런 인기도 헤즈볼라가 시리아 내전에 참여하면서 흔들리고 말았다.

전통적인 아랍 지도자들이 보여준 지난 50년간의 실패한 정치로 인해 아랍 국가들의 발전이 지연되었다. 절망적인 정치적 상황은 더욱 악화되었고, 이런 상황 속에서 걸프 지역의 젊은 지도자들이 그들의 행동 방식, 연설력, 의지, 정책, 그리고 메시지를 통해 두각을 드러내기 시작했다. 전통적인 아랍 지도자들과는 달리 이들 신세대 걸프 지도자들은 혁명적인 구호나 감정적인 호소보다는 더 현실적인 접근을 택했다.

또한 이들 신세대 걸프 지도자들은 미래를 향한 발전적인 비전을 강조했다. 비전을 담은 연설은 현재 걸프 지역에서 일어나는 변화를 이끄는 핵심적인 원동력으로 볼 수 있다. 그리고 이것은 오늘날 걸프 지도자들의 연설에서 흔히 사용되고 있다. 이런 지도자들 중에는 2020년 비전을 제시한 사람도 있고, 또 어떤 사람은 2030년을, 또 다른 사람은 열정적으로 2050년 비전을 계획하는 등 각자의 비전을 구체화했다.

새로운 세대의 걸프 지도자들이 걸프의 순간을 이끌어 가고 있다.

그들은 강한 용기와 비전을 갖추었으며, 아버지 세대가 세운 견고한 기반 위에서 국가를 건설하고 있다. 걸프 지역의 현재 상황을 이끌어 가는 것은 단순히 걸프의 기술 관료들의 노력만으로는 가능하지 않다. 이들 걸프 기술 관료 혹은 테크노크라트들은 높은 학력을 가진 엘리트로서, 걸프의 젊은 지도자들로부터 절대적인 신뢰를 받고 있으며, 거대한 프로젝트를 대담하게 추진하는 역량을 보유하고 있다. 그들은 거대한 발전적 변화를 주도하며, 세계 최고 수준의 기준을 따르는 컨설팅 회사들과 신뢰할 수 있는 파트너십을 구축하고 있다. 또한 세계적인 전문가 단체들과 협력을 통해 미래 비전을 위한 전반적인 계획을 수립하고, 그 계획의 세부 사항을 감독하고 있다. 걸프의 순간을 준비하기 위해서는 '젊은 걸프 지도자들, 걸프 테크노크라트, 세계적 컨설팅'이라는 삼박자가 제대로 들어맞아야 한다.

걸프 지역의 지도자들의 첫 번째 특징은 3명의 무함마드라는 이름의 젊은 왕자의 등장이다. 그들은 사우디아라비아의 무함마드 빈 살만, 두바이의 셰이크 무함마드 빈 라쉬드, 그리고 아부다비의 무함마드 빈 자이드다. 이 3명의 '무함마드'들은 현재 걸프 역사 속의 '무함마드 시대'를 주도하고 있다. 그들은 강한 신뢰와 열망을 가지고 걸프의 순간을 국가적, 지역적, 아랍, 그리고 전 세계적 수준에서 이끌어 가고 있다. 이런 걸프의 순간은 '무함마드의 순간'으로 여겨질 만큼 그들의 영향력이 중요하며, 그들은 자신들의 역할을 단호하게 수행하고 있다. 이 3명의 무함마드들은 강력한 비전을 바탕으로 걸프 지역 전체와 아랍 국가들에 큰 영향력을 발휘하며 부상하고 있다. 이 때문에 현재의 걸프의 순간은 1,400년 전 예언자 무함마드가 아라비아반도에서 등장해 이슬람을 아랍 지역에 전파하고 그 후 전 세계로 확산시킨 그 당시 '무함마드의 시대'를 연상시킬 정도로 의미 있는 순간이라 할 수 있다.

셰이크 무함마드 빈 라쉬드 알 막툼*은 아랍에미리트의 부통령이자 총리이며 두바이의 통치자로서, 걸프 지역 소프트파워를 대표하는 지도자라 할 수 있다. 그는 다른 지도자들과 달리 정치보다는 경제에 초점을 맞추고 있다. 그는 말보다는 행동에 중점을 두며, 뛰어난 통찰력을 바탕으로 행정부와 테크노크라트, 그리고 컨설팅 회사를 갖추고 있다. 셰이크 무함마드 빈 라쉬드는 정통성 있는 지도력, 강한 의지, 용기, 그리고 군인으로서 강한 정신력과 전략적 사고를 가지고 있다. 이런 특징이 그를 걸프 지역에서 석유 이후의 경제를 처음으로 건설하는 주역으로 만들었다. 그는 두바이를 세계적인 관광지로 발전시키고, 단지 25년 만에 세계로 뻗어 나가는 지역의 롤모델 도시로 만들었다. 오늘날 모든 아랍 도시는 무함마드 시대의 순간을 누리는 두바이

셰이크 무함마드 빈 라쉬드 알 막툼 두바이 통치자이자 아랍에미리트의 부통령이며 총리다. 2006년 두바이의 통치자가 된 뒤로 두바이를 리조트와 비즈니스의 중심지로 변화시켰다. 그는 이를 실현하기 위해 팜아일랜드, 부르즈 알 아랍 호텔, 부르즈 알 칼리파를 건설하고, 두바이 엑스포 등을 개최했다. 뿐만 아니라 두바이 케어 같은 다양한 자선 프로그램도 계획하는 등 두바이 개혁의 상징이 되었다.

와 같이 되고 싶은 꿈을 꾸고 있다.

셰이크 무함마드 빈 라쉬드의 비전을 더욱 차별화하는 것은 그가 아랍에미리트 땅에 가져온 안정성이다. 하지만 그는 아랍에미리트를 넘어 아랍이라는 정체성을 가슴에 품고 있다. 그의 부흥 이니셔티브는 모든 아랍인을 위한 것이다. 그는 아랍 연례 언론 포럼을 시작했고, 1999년 11월 아랍 언론 두바이상을 설립해 아랍 언론의 발전에 크게 기여했다. 이 언론상의 설립은 아랍 언론의 성장을 촉진했고 아랍 언론인의 창의성을 드높였다.

두바이는 아랍의 미래를 이끌어 가기 위해 무함마드 시대에서 아랍 연례 전략 포럼을 개최하기 시작했다. 두바이는 아랍 독서 챌린지를 시작했는데, 이는 아랍 국가의 학생들을 대상으로 한 가장 큰 독서 장려 프로그램이다. 이 프로그램을 통해 100만 명 이상의 학생들이 한 학년 동안 5천만 권 이상의 책을 읽었다. 아랍 지역의 지식수준이 두바이에서 결정된다고 해도 과언이 아닐 정도다. 즉 두바이는 아랍 지역 국가들이 지식경제를 준비하는 출발점이 되었다.

2017년에는 셰이크 무함마드 빈 라쉬드가 '희망 만들기 프로젝트'를 시작해 모든 아랍인을 존중하는 문화를 확산시켰다. 이 프로젝트는 '불가능'이라는 개념을 모르는 사람들이 자발적으로 인도적 자선 활동에 참여해 긍정적인 변화를 가져올 수 있음을 보여주었다. 이로써 더 많은 이들의 삶에 특별한 변화를 가져오고, 그들에게 행복감을 느끼게 했다. 두바이의 무함마드 빈 라쉬드는 이런 새로운 이니셔티브로 모든 연령대의 아랍인들, 특히 어린이와 청년들에게 다가가고 있다.

셰이크 무함마드 빈 라쉬드를 더 특별하게 만드는 한 가지는 그가 하는 연설이다. 그는 이 시대의 언어로 소셜네트워크를 통해 대중들과 소통하고 있다. 그는 아마도 디지털 시대를 선도하는 최초의 아랍 지도자 중 한 명일 것이다. 트위터, 페이스북, 인스타그램 등을 통해 메시지를 전달함으로써 그는 세계에서 가장 영향력 있는 소셜네트워크 사용 지도자로 자리매김했다.

2017년 초에 그의 트위터 팔로워 수는 800만 명에 달했는데, 이는 세계에서 아랍 국가 중 가장 많은 수이며, 세계적으로도 아홉 번째로 많은 수다. 또한 그는 계정 간 상호 팔로워 수를 기준으로 세계에서 가장 영향력 있는 지도자 10인 안에 들었다. 그의 페이스북, 트위터, 구글 플러스, 링크드인, 인스타그램의 총 팔로워 수는 1,500만 명에 이르며, 그의 공식 유튜브 채널의 구독자 수는 2천만 명에 달한다. 아랍 팔로워들이 총 팔로워 중 67%를 차지하며, 이들 중에는 주로 사우디아라비아, 이집트인이 많다. 셰이크 무함마드 빈 라쉬드 트위터와 다른 소셜 네트워크가 새로운 시대의 중요한 정보통신 수단이며, 이를 통해 광범위한 정치적·사상적 영향력을 행사할 수 있다는 것을 잘 이해하고 있다.

셰이크 무함마드 빈 라쉬드 알 막툼이 아랍에미리트와 걸프 지역의 소프트파워를 창출한 인물이라면, 셰이크 무함마드 빈 자이드 알 나흐얀은 아랍에미리트와 걸프의 소프트파워를 만들어낸 아버지 세대라고 할 수 있다. 무함마드 빈 자이드와 무함마드 빈 라쉬드는 아랍에미리트와 걸프 지역의 발전을 이끌어내는 두 날개로 평가할 수 있다. 한 사람은 소프트파워를 상징하는 여러 요소에서 명확하게 성과를 보여주고 있고, 다른 한 사람은 하드파워를 상징하는 다양한 측면에서 성과를 내고 있다.

　무함마드 빈 라쉬드는 아랍에미리트를 금융과 비즈니스의 중심지로 만들어내는 데 성공했다. 반면에 무함마드 빈 자이드는 아랍에미리트 군대의 전투력과 물류 능력을 세계적인 수준으로 끌어올렸다. 정신적 차원, 전투 준비력, 최신 방어 및 공격 무기, 선제공격 전략, 도발 전략 등 여러 가지 측면에서 두드러진 성과를 보여주고 있다. 큰 투자를 통해 25년 동안 아랍에미리트는 걸프와 아랍 지역에 스파르타와 같은 군사력을 가진 국가로 부상했다. 군대의 규모는 작지만, 군인들은 용감하고 전문성을 갖추고 숭고한 정신력을 가지고 있다. 이는 고대 그리스의 스파르타가 아테네와 함께 떠오르던 시대를 연상시킨다. 아테네가 그리스 문명의 소프트파워를 대표했던 것처럼 스파르타는 군사력을 상징했다. 용사 300명과 함께한 스파르타는 페르시아의 공격으로부터 그리스를 보호할 수 있었다. 아랍에미리트는 기원전 479년에 스파르타의 레오니다스 장군이 이끈 플라타이아전투를 떠올리게 한다. 무함마드 빈 자이드는 작지만 전문적인 에미레이트 군대를 키워내어, 지금은 지역에서 가장 용감한 군대 중 하나로서 아랍 군대 지휘관들로부터 인정과 명성을 얻고 있다.

아랍에미리트는 경이로운 수준의 군사력을 갖추고 있다. 아랍에미리트는 강력한 소프트파워의 형태로, 철의 발톱과 같은 강인함과 아랍 무역도시를 중심으로 한 경제력, 그리고 정치적 행정력 및 군사적 능력을 통합적으로 소유하고 있다. 무함마드 빈 자이드는 군의 최고 통수권자로서 병사들에게 영감을 주고 있다. 또한 국가의 일원으로서 정치를 효율적으로 운영하고 있다. 그는 국가 창립자 자이드가 세운 학교 출신으로, 그로부터 통치력과 풍부한 경험을 물려받은 정치인으로 여겨진다. 이것은 아버지 세대의 '정치 유전자'가 흐르고 있다는 것으로 해석될 수 있다.

무함마드 빈 자이드는 아랍에서 가장 영향력 있는 정치인이며, 세계적으로 신뢰받는 걸프의 정치인으로 손꼽힌다. 현재 아랍에미리트는 자이드의 시대를 살고 있다. 무함마드 빈 자이드는 세계 지도자들과 폭넓게 연결된 네트워크를 통해 아부다비를 새로운 아랍 외교 정치의 중심으로 만들었다. 그리고 세계 지도자들은 아랍에미리트를 믿을 만한 동맹국으로 바라보았다.

아랍 역사에서 무함마드 시대를 이야기할 때는 무함마드 빈 살만 빈 압둘아지즈 사우디아라비아 왕세자를 빼놓을 수 없다. 그는 그의 할아버지 압둘아지즈 빈 압둘 라흐만 알 사우드와 많이 닮았다. 권력 이양 방식 과정 역시 유사하다. 압둘아지즈 국왕은 27세에 사우디아라비아 중부의 나즈드 지역을 중심으로 권력을 장악하고, 이후 왕국을 통일해 마침내 1932년 제3사우디아라비아 왕국을 건설했다. 무함마드 빈 살만 왕세자는 단지 제4의 사우디아라비아 왕국의 건설을 희망하는 것이 아니다. 무함마드 빈 살만 왕세자는 소프트파워이자 하드파워의 형제국인 두바이, 아부다비와 같은 아랍에미리트의 발전 선례를 보고 단순히 놀라는 것만으로 끝나지 않았다. 무함마드 빈 살만은 걸프의 순간에서 무함마드 시대를 완성했고, 그의 존재감, 영향력, 그리고 세력은 크게 증대되었다. 아랍에미리트의 역량과 사우디아라비아의 자원이 합쳐지면 걸프의 아랍 국가에서의 영향력은 배가 될 것이고, 대적할 자가 없을 것이다. 무함마드 빈 살만은 사우디 비전 2030 실행 초기 단계에 있지만, 이 비전은 아랍에미리트 비전 2030(아부다비 경제 비전 2030) 만큼이나 대담하다.

그러나 사우디 비전을 실행하는 것은 고된 일이다. 이를 실현하기 위해서는 긴 여정이 필요하다. 사우디아라비아의 개방을 반대하는 보수적인 사회 세력에 대한 유연한 대응이 필요하다. 특히 관료들의 행정적·법적·금전적 개혁 반발에 대한 단호한 대처가 필요하다. 무함마드 빈 살만은 1만5천 명이 넘는 알 사우드 왕족을 설득해야 한다. 그는 특권을 줄이고 부패를 척결해야 한다. 무함마드 빈 살만 왕세자 임기 동안 사우디아라비아는 모든 분야에서 긍정적인 발전을 이루고 있다. 특히 여성의 역량 강화와 여성의 노동시장 참여율은 비전 2030에 따라 22%에서 30%로 상승했다.

사우디 비전 2030은 왕세자 무함마드 빈 살만이 주도한 계획으로,

중산층과 젊은 세대의 지지를 받고 있다. 그들은 사회 변화와 개혁을 원하며, 보수적인 사우디아라비아 사회 규제로부터 해방을 갈망한다. 이 계획을 지지하든 반대하든 그 목표는 에미레이트 비전 2030(아부다비 경제 비전 2030)과 본질적으로 다르지 않다. 즉 석유 의존 경제에서 벗어나고 지대추구 국가 시대 이후를 준비하며, 부패가 가장 적은 국가로 사우디아라비아를 발전시키고, 아시아와 아프리카를 연결하는 것이 목표다.

젊은 왕세자 무함마드 빈 살만은 사우디아라비아 사회에 새로운 에너지를 불어넣었다. 지난 70년 동안 변화시킬 수 없었던 부족한 지도력과 사회의 현실을 개선하려는 의지를 보여주었다. 이는 1,400년 동안 지속된 사회적 규제의 부담을 줄이고, 사우디아라비아 사회를 현대화하는 방향으로 나아가는 것을 의미한다. 사우디아라비아 사회는 300년 이상 보수적이었으나 이제 사우디아라비아 시민의 개념을 새롭게 정립하려 한다. 사우디아라비아 시민들은 현재의 시대에 맞지 않는 규제로 인해 지나치게 제약을 받아 왔다.

무함마드 빈 살만은 적기에 등장한 인물로 볼 수 있다. 그는 사우디아라비아의 강한 청년의 이미지로 주목받았다. 하지만 그의 가장 중요한 임무는 석유 경제에 지나치게 의존하지 않는 경제적 부흥을 이루는 것과 21세기의 사회적 요구 사항에 부응할 수 있도록 하는 것이다. 이와 같은 일들은 어려움이 따르기 마련이다. 그러나 무함마드 빈 살만이 무함마드 빈 자이드나 무함마드 빈 라쉬드처럼 사우디아라비아를 개혁할 수 있을 것으로 기대된다. 만약 그렇게 된다면 걸프의 순간이 무함마드의 순간임을 확인할 수 있을 것이며, 20세기를 지배했던 이전의 걸프 역사와는 다른, 새로운 무함마드의 순간이 도래할 것이다.

4장

사회와 공동체의 영향력

걸프 국가의 정치와 외교 영향력 증대는 현대 아랍 세계의 주요 특징 중 하나이고, 걸프의 경제와 금융이 가지는 중요성 역시 무시할 수 없다. 걸프가 아랍 세계에서 가지는 사회적 영향력도 더욱 심도 있게 살펴볼 필요가 있다. 이와 함께 걸프의 사회적 영향력이 어떻게 발현되고 있는지 그 과정을 연구해볼 필요가 있다. 또한 걸프의 순간이 경제와 정치적 변화로 지배되고 있는 만큼이나 사회와 공동체의 지속적 발전 역시 걸프의 순간을 압도하고 있다.

걸프는 경제적으로 석유 이후의 시대를, 정치적으로는 약소국 이후의 시대를 경험하면서 새로운 사회를 향해 나아가고 있다. 이 새로운 사회는 보호, 번영, 소비를 넘어선 사회다. 그리고 걸프에는 이런 새로운 사회를 구축하기 위한 거대한 동력이 존재하며, 걸프만의 독특한 현대화를 위한 도약의 기회가 있다. 20세기 걸프 사회가 베두인과 부족주의에 기초한 전통적이고 일방향적인 사회였다면, 21세기 걸프 사회는 변화와 적응을 요구하는 시대에 부응하기 위해 문명적·시민적·다원주의적인 사회로 탈바꿈하기 위한 긴 여정을 시작했다.

걸프인의 순간

21세기의 시작과 함께 걸프 사회는 대학 교육을 비롯한 교육수준이 크게 향상되었으며, 대담하게 현대 세계에 문을 열었다. 걸프는 지식의 폭발과 정보기술의 혁명이 가져온 새로운 변화들을 받아들이는 데 성공했다. 이를 통해 걸프 사회는 뛰어난 도시화, 근대화, 현대화를 이루어냈다. 전통과 관습을 유지하면서도 새로운, 현대적인 행동과 관계들을 사회적 · 개인적 차원에서 받아들일 준비가 되어 있다. 더불어 청년과 여성들이 이전보다 더 사회적이고 진취적이며, 지도력을 발휘하고, 정치적으로도 중요한 역할을 수행하게 되었다.

50년 전, 걸프 사회는 깊은 숙면에 빠져 있었고, 걸프 도시들은 역사의 변두리에 머물렀다. 걸프 여성의 존재감은 부족했고, 걸프 시민사회 단체들은 존재하지 않았으며, 걸프 시민에 대한 인식은 부정적이었다. 중산층이라는 개념조차 언급하기 힘든 상황이었다. 결국 50년 전에는 아랍 세계에서 명확한 정체성과 유대감을 가진 통합된 걸프 사회는 존재하지 않았다. 그러나 현재의 걸프 사회는 단일화된 집단으로, 전 아랍 세계에 비해 더욱 균일하고 결집된 집단으로 구성되어 있다. 이 집단은 더욱 밀접하게 연결되어 있으며, 사회적으로 잘 혼합되어 있다. 이것은 걸프 사회의 핵심 동력 중 하나이며, 걸프 사회가 가진 영향력의 근원이기도 하다.

즉 걸프 사회는 서로에게 포용적이며, 개인과 가족 간의 연대감은 더욱 견고해졌다. 또한 걸프 사람들은 정신적·존재적인 차원에서 더욱 걸프화 되었고, 안정된 왕정에 소속되어 있다. 걸프의 정체성은 걸프 시민의식과 사고방식과 함께 더욱 성장하고 있다. 그렇다고 해서 아랍인으로서의 정체성을 부인하는 것은 아니다. 걸프 시민은 왕정의 시민으로서 행동하며, 아랍인이라는 자신의 정체성에 자부심을 느낀다. 그들은 동시에 아랍인이자 무슬림이라는 정체성에 자부심을 느끼며, 이슬람 사상을 더욱 견고히 만들어가고 있다.

오랜 시간 동안 유지되어 온 부족의 결속력은 여전히 존재하며 때때로 그 모습을 드러낸다. 그리고 종파주의적 충성심 역시 재정립되며 때로는 이로 인한 문제가 수면 위로 떠오르기도 한다. 이런 것들과 함께 국가 연대감은 걸프 국가의 핵심 가치로 남아 있다. 하지만 걸프의 집단적 이익, 연대감, 그리고 결집력은 서로 얽혀 있으며, 이는 기술적으로 구조화되고 걸프의 공동 관심사와 연결된다. 하나로 연결된 걸프의 운명과 미래는 걸프가 이루어낸 성과들이 쌓여감에 따라 더욱 견고해지고 있다.

특히 걸프의 안전을 위협하는 지역적·외부적 위험에 대응할 때 이 결집력은 그 가치가 빛이 난다. 걸프 시민은 사우디아라비아, 쿠웨이트, 바레인, 카타르, 아랍에미리트, 오만의 국민들로 구성되어 있으며, 그들의 국가적 정체성은 여전히 강하게 유지되고 있다. 그리고 이는 변하지 않을 것이다. 오히려 지난 42년 동안의 걸프 협력 과정에서 걸프 시민들의 정체성이 탄생했고, 걸프의 정체성을 구성하는 일원으로서 모든 사람이 서로를 배려하며 살아가고 있다.

나는 내가 걸프인이라는 사실에 자부심을 느낀다. '걸프인'이라는 말이 모든 걸프 시민을 포괄하는 용어라는 사실에서 내 안의 자긍심이 피어나는 것이다. 이런 '우리는 걸프인'이라는 개념은 특별한 날이든 아니든, 중요한 행사든 아니든, 언제든지 기억되고 언급되어야 하는 걸프의 순간의 주제다. GCC가 설립된 지 42년이 지난 2023년 현재, 걸프 국가들은 단지 경제적 공동체나 정치체제로서만 움직이는 것이 아니다. 걸프 국가들은 공통된 걸프 정체성을 공유하는 인류와 사회의 공동체로서 움직이고 있다. 이것은 바로 걸프의 순간들이 아랍 역사에 깊숙이 뿌리를 내린 핵심 근간이며, 걸프 국가들이 아랍 세계 전체에 영향력을 미치게 하는 주축이라고 할 수 있다.

대체로 걸프 시민들, 특히 새로운 세대의 걸프인들은 지리적 국경을 넘어 상대적으로 독립된 걸프 인류 공동체를 구성하기 위해 전통, 관습, 사회적 관계, 가족 · 부족 연대, 민족적 신념과 언어, 문화, 지역, 정치제도 등을 인정하고 이해하고 있다. 국가기관들은 국가 정체성을 홍보하는 것과 마찬가지로 걸프의 정체성을 홍보하는 데 적극적이다. 이런 행동은 걸프 시민으로서, 과거 부족에 대한 소속감과 현재의 국가 충성심에서 벗어나서 새롭게 현재 형성 중인 걸프 사회 구성원으로서 소속감과 충성심을 가지게 한다. 이런 충성심은 각 나라가 동의할 수 있는 수준의 걸프의 전통, 관습, 관계, 가치를 재현하게 한다.

'걸프의 순간'이 도래하면서 GCC의 설립과 함께 새로운 걸프 국가의 상황에 맞는 여러 개념이 등장했다. 이런 개념은 '걸프인', '걸프 시민', '걸프 지성인', '걸프 투자자', '걸프 책임자', '걸프 관광객', '걸프 사회', '걸프 경제', '걸프 이야기', '걸프 노래', '걸프 의상', '걸프 공영방송', '걸프 언론', '걸프발전포럼' 등 걸프를 표현하는 매우 다양한 방식으로 나타난다. 특히 걸프발전포럼은 GCC와 더불어 가장 오래된 시민사회 단체로 걸프 기관들의 모체라고 할수 있다. 30년 전에는 걸프 정체성이 뚜렷하지 않았다. '나는 걸프인이다'라는 표현은 현재처럼 걸프나 아랍 국가에서 널리 쓰이지 않았다. 하지만 이 표현은 '걸프의 순간'이 지속적으로 존재하고 있다는 것을 보여주는 의미로 오늘날에는 널리 인정받고 있다.

"걸프인이 오고 있다"라는 말은 현재의 걸프 상황을 잘 보여준다. 걸프인들은 투자자, 정치적 영향력을 지닌 사람들, 언론 플랫폼을 가진 사람들, 지식과 창조 및 문화를 생산하는 사람들로, 유기적으로 연결된 인류 공동체로서 21세기 아랍인으로서 독특한 걸프 정체성과 새로운 걸프 문화를 품고 있다. 그들은 걸프 경제의 파워와 걸프 정치의 영향력에 대한 자신감과 능력, 가능성, 성공에 대한 열망을 가지고 전진하고 있다.

하지만 그들이 오는 모습은 이전과 같지 않다. 걸프는 3천만 명의 사우디아라비아인, 200만 명의 쿠웨이트인, 50만 명의 바레인인, 25만 명의 카타르인, 100만 명의 아랍에미리트인, 200만 명의 오만인으로 구성되어 있다. 걸프의 총인구는 약 5,400만 명에 달하며, 그들의 영향력과 존재감은 4억 명의 아랍인을 넘어선다. 걸프인들은 교육, 의료, 생활, 정치, 사회, 경제 등 여러 분야에서 다른 아랍 국가들에 비해 상대적으로 높은 수준을 보여주고 있다. 이것은 최근 25년 동안 유엔 개발 프로그램(UNDP)의 보고서에서 발행한 인류 발전 지표를 통해 명확하게 확인할 수 있다.

인류 발전 지표에 따르면 총 5,400만 명의 걸프 시민은 뛰어난 교육 수준을 보여주고 있다. 그들은 현대적인 교육을 받았으며, 지식수준에서도 전 아랍 국민들을 앞서나간다. 이처럼 높은 수준의 교육과 지식은 21세기 걸프 국가들이 탁월하게 발전할 수 있었던 비결로 볼 수 있다. 이것은 교육을 충분히 받은 사람들이 힘과 영향력을 가지고 있기 때문이다. 아랍 국가의 15세 이상 성인 식자율 통계에 의하면 걸프의 문해율은 카타르 93%(2017년), 쿠웨이트 96%(2020), 바레인 92%(2011년), 사우디아라비아 98%(2020년) 아랍에미리트 96%(2019년)를 기록하고 있다. 또한 걸프인들은 높은 건강 수준도 유지하고 있으며, 우수한 의료보험과 진료 서비스 덕분에 수명도 길어져, 2016년에는 평균 수명이 76.4세를 기록했다. 이는 1985년에 기록된 평균 수명인 64.5세에 비교하면 놀라운 발전을 보여준다.

걸프 국가들의 연간 국민소득은 아랍 국가들 중에서 가장 높으며, 심지어 세계 최고 수준인 국가들과 비교해도 절대 뒤처지지 않는다. 카타르는 2021년 IMF 통계 기준으로 일인당 국민소득 8만4,420달러를 기록해 걸프 및 아랍 국가 중 가장 높은 수준을 자랑했다.

2021년 카타르의 국민소득은 8만 불이 넘은 데 비해 모로코의 연간 국민소득은 7천 달러를 겨우 넘었다. 이는 걸프 국가와 다른 아랍 국가 간의 소득 차이가 상당히 크다는 것을 보여준다. 걸프 국가의 사람들과 아랍 서쪽의 사람들 간의 소득 차이는 심각하다. 복지, 의료, 삶의 질 등에서 아랍 내 최고 수준을 기록하고 있는 카타르와 복지 수준에서 세계 167위에 머물러 있는 수단과의 차이도 크게 드러난다. 이런 심각한 차이는 단순히 양적인 수치에 국한되지 않는다. 즉 걸프의 우위는 이번 세기 동안 격차가 크게 벌어진 소득과 복지에서만 나타나는 것은 아니다. 전 아랍 국가들의 삶의 질, 생활수준과 비교했을 때 걸프 국가의 생활수준, 개인의 행복과도 연관된 복합적이며 질적인 차이도 존재한다.

그렇기에 걸프인들은 소득, 교육, 의료, 복지 등의 측면에서 다른 아랍 국가들보다 앞선 위치에 있으며, 이 지역에서 가장 행복한 사람들이기도 하다. 2017년 유엔 산하 지구연구소에서 발표한 세계 행복 보고서에 따르면 아랍에미리트, 카타르, 오만, 쿠웨이트, 사우디아라비아는 아랍 국가 중에서 행복지수 상위 5위를 모두 차지했다. 반면 행복지수가 가장 낮은 하위 5위에는 시리아, 예멘, 이집트, 수단, 팔레스타인이 포함되었다. 이와 유사한 맥락에서 걸프인들은 이 지역에서 가장 행복하고 안전하다고 느끼는 국민으로 평가되었다.

2017년 세계 경제 포럼 보고서에 따르면 개인이 평화롭고 안전하다고 느끼는 국가 순위에는 아랍에미리트, 오만, 카타르가 포함되었다.

아랍 국가, 중동 국가, 그리고 전 세계적으로 유의미한 통계다. 아랍 에미리트는 핀란드 다음으로 2위, 오만은 아이슬란드 다음으로 4위, 카타르는 10위를 차지했다. 반면에 예멘, 이집트, 레바논은 안전하고 평화롭다고 느끼는 아랍 국가 중에서 하위 3위로 기록되었다. 삶에서는 안전, 평화, 행복감이 가장 중요하다. 걸프 국민들이 안정, 평화, 만족감, 행복, 복지를 누리며, 이런 것들이 그들의 역사적인 순간을 살아가는 가장 중요한 자산이라는 것을 잘 보여준다.

걸프 중산층의 순간

걸프 국가들은 사회적 측면에서도 점차 주목받기 시작했다. 이들은 교육, 의료, 개인소득, 기본적 필요성 충족 등의 다양한 분야에서 사회적 발전을 보여주었다. 그 결과로 걸프 청년들 사이에서 안전, 행복, 그리고 미래에 대한 긍정적인 기대감이 높은 수준으로 나타났다. 또한 2016년 인류 발전 보고서에 따르면 정부에 대한 신뢰도 높은 수준을 보였다.

21세기 걸프 사회는 새로운 계층이 탄생한 곳이기도 하다. 그것은 바로 '걸프의 중산층'이다. 걸프의 중산층은 과거에는 잘 알려지지 않았고, 수적이나 영향력 측면에서 큰 존재감을 드러내지 못했다. 그러나 현재 새로운 걸프 사회가 바로 이 중산층을 기반으로 형성되었고, 이 계층은 이전의 전통적인 걸프 사회를 대체했다. 과거 걸프 사회는 주로 부족, 종족, 베두인 사회로 인식되었지만, 이제는 걸프 중산층의 성장과 함께 그 이미지가 변화하고 있다. 이 중산층은 지난 50년 동안 성장해왔으며, 이제 걸프 국가의 미래를 짊어지고 있다. 이들은 석유 산업의 급속한 발전과 함께 첫 번째 걸프 현대화 과정을 통해 탄생한 새로운 사회계층이다.

걸프 중산층의 부상은 걸프 사회 역사상 중요한 전환점이다. 걸프의 중산층은 21세기의 걸프 사회와 오랜 전통의 가치, 체제, 의지, 관습 사이에서 삶과 존재, 그리고 지식의 변화를 만들어냈다. 새로운 걸프 사회는 빠르고 깊이 있는 변화를 겪고 있으며, 이는 멈추지 않는다. 그러나 중요한 것은 중산층의 부상이 기존의 전통적인 걸프 사회를 사라지게 한 것이 아니라 한 발짝 뒤로 물러나게 했을 뿐이라는 사실이다. 이것은 새로운 걸프 사회를 특징짓는 중산층의 등장을 의미한다. 중산층의 등장은 역사적이고 구조적으로 중요한 변화이며, 이는 걸프뿐만 아니라 튀르키예, 말레이시아, 인도네시아, 이란도 마찬가지다. 이슬람 세계의 확장 뒤에는 새로운 중산층의 성장이 큰 몫을 했다.

21세기의 새로운 걸프 중산층은 20세기의 그것과는 다르다. 걸프의 중산층은 합리성과 현대화의 가치를 보여주며, 이는 세계적으로 공통적인 중산층의 모습이다. 걸프의 현대화는 일본이나 다른 아시아 국가들의 현대화 과정과 다르지 않다. 일본을 비롯한 아시아 국가들의 중산층은 과거에 머물면서도 정치적 안정을 보장할 수 있는 사회적이고 보수적 가치에 기반한 현대화를 이룩했다. 따라서 걸프의 중산층은 혁명의 계층이 아니라 개혁의 계층이며, 군사 계층이 아닌 시민계층이다.

현대 사회 어디에서나 볼 수 있는 과거와 현재가 혼재된, 즉 고정된 모습과 동시에 변화하는 다양한 모습을 다 가진 중산층과 걸프의 중산층은 크게 다르지 않다. 걸프의 중산층은 이런 특징을 가지고 현실적인 미래를 구축하며, 전통과 가치, 정치적 안정과 왕정의 지속성 모두 굳건하게 다지려 한다. 이것이 바로 걸프 정치와 사회의 중요한 특징이다. 아랍의 일반적인 중산층과 걸프의 중산층을 이끄는 힘은 크게 다르지 않다. 아랍의 중산층은 아랍 지역의 현대화를 추구했다.

그러나 한 가지 주요한 차이점이 있다면, 그것은 아마도 아랍 지역의 중산층 대부분이 군사쿠데타나 혁명의 결과로 떠오른 군사 기관 출신이라는 점일 것이다. 이런 군사 집단들은 혁명을 통해 권력을 독점하고 권위주의 체제를 구축했다. 그래서 걸프의 현대화는 아랍의 현대화와는 본질적으로 다르다. 걸프의 현대화는 시민들을 통한 점진적인 변화를 추구하며, 이런 변화의 방향성은 아시아의 특성을 반영한 현대화와 별반 다르지 않다.

오랜 전통을 이어온 걸프 사회가 다원화된 새로운 걸프 사회로부터 자신을 격리하거나 그 흔적을 숨기려 할 필요는 없다. 오히려 전통적인 걸프 사회는 새로운 걸프 사회와 함께 발전해왔다. 점차 새로운 걸프 사회로 전환하면서 변화와 안정이 서로 잘 어우러진 현대의 걸프 사회가 새롭게 형성되었다. 부족, 부족 지도자, 종교 지도자, 무역 상인들이 석유 시대와 석유 시대 이전 사회의 중심이었다. 이런 전통적인 계층들은 걸프 사회를 떠나지 않았다. 그러나 지금은 각각의 중산층이 새로운 걸프 사회의 중심축이 되어 새롭게 부상하고 있다. 그들의 존재는 수적인 규모에서나 영향력 면에서 더욱 커지고 있으며, 그들의 효율성은 더욱 경쟁력을 높이고 있다. 또한 그들은 걸프의 새로운 세대와 함께 다양한 걸프의 미래를 위해 협력하고 있다.

사회계층의 인구수, 가치 있는 영향력, 그리고 사회적 존재감은 단순히 통치 왕정, 무역 계층, 혹은 걸프 부족의 한 개인에서 시작되는 것이 아니다. 사우디아라비아를 포함한 걸프 국가들의 중산층은 총인구수의 약 70~80%를 차지하며, 이 계층은 다양한 영역으로 확장되고 있다. 이 계층에는 교육자, 과학자, 변호사, 의사, 은행원, 문화인, 방송인, 교사, 예술가, 사업가, 시민사회 활동가, 기술자, 관리직 공무원, 경찰, 군대 및 안보 기관 직원 등이 포함된다. 이들이 바로 걸프의 중산층 개개인이며, 다양한 사회적 배경을 가지고 있고 각자의 국가나 해외의 유수 대학에서 교육을 받았다. 그들은 우수한 행정 능력과 끊임없는 창의적 아이디어, 그리고 이니셔티브를 가지고 있어 새로운 걸프 사회체제의 안정과 번영에 기여하고 있다.

그러나 걸프 중산층이 가진 가장 중요한 능력은 바로 개인들이 걸프 통치 왕정의 신뢰를 받고 있다는 것이다. 특히 젊은 지도자들은 중산층에서 새로운 지도력과 정통성을 발견할 수 있다. 이들 중산층은 제도적 합법성의 원천이며, 이것이 바로 미래의 정치제도가 필요로 하는 요소다. 어떤 요소보다 이들 중산층이 지난 50년 동안 축적된 국가적 성과가 지닌 합법성의 기반이 되었다. 중산층 개개인의 노력과 기여 없이는 이런 성과를 이루기 불가능했을 것이다. 걸프의 왕정 체제는 바로 이들 중산층의 존속과 지속성에 의존하고 있다. 또한 중산층은 왕정이 자신들에게 역사적인 역할을 수행하고 계몽적이며 진취적인 역할을 하게 하는 기회를 제공해준 것에 감사함을 느끼고 있다.

이런 중산층과 통치 왕정 간의 상호 의존성과 서로에 대한 존중 덕분에 중산층이 미래에 대해 만족감, 행복감, 그리고 낙관을 품게 했다. 여론조사에 따르면 걸프 중산층의 개개인들은 자신들의 직업과 생활수준에 만족하며, 정부의 국내 및 외교 정책에도 큰 만족을 느끼고 있는 것으로 나타났다. 또한 교육, 의료, 국가의 업무 성과에 대해서도 만족을 느끼고 있다. 그들은 인생의 성공은 개인의 노력을 통해 이루어진다고 믿으며, 이는 친족 혹은 종족적 유대관계에 의해 결정되는 것이 아니다. 더욱이 같은 여론조사에 따르면 중산층의 애국심과 소속감은 국가와 민족에 대한 애국심이며, 친족이나 종파에 대한 소속감이 아닌 것으로 드러났다. 이런 여론조사에서는 아랍에미리트의 중산층 개개인들이 생활수준과 사회적 평가에 가장 만족하고 있는 것으로 나타났다. 그리고 바레인의 중산층은 사상 처음으로 정부의 정책과 자신들의 생활수준에 만족하고 있는 것으로 나타났다.

여론조사의 결과와는 별개로 걸프의 중산층은 걸프와 아랍의 미래 비전과 번영을 위한 깃발을 들고 나아가고 있다. 그들은 개혁의 언어와 합리적인 방향성, 민족적 자유주의 감성을 가지고 전진하고 있다. 걸프 경제의 지속적인 번영이 진행되면서 걸프 중산층의 존재감 또한 점차 높아지고 있다. 그들은 새로운 세대를 창출하고 있다. 이들의 선두에는 세계화에 개방된 새로운 걸프 여성들이 서 있다. 걸프의 여성들은 정보화 혁명과 역사적인 역할을 통해 걸프를 새로운 지평선으로 이끌어가고 있다.

걸프 여성의 순간

걸프 중산층의 순간은 동시에 걸프 여성의 순간이기도 하다. 걸프 중산층은 21세기 초 아랍 세계에서 여성의 권리와 운동을 선도해왔다. 걸프 국가들은 여성의 역량 강화와 그와 관련된 모든 지표에서 앞서 나가고 있다. 걸프 여성들은 지식, 정치, 행정, 개발, 스포츠, 언론, 금융, 비즈니스 등의 다양한 분야에서 예상하지 못한 성공을 거두었으며, 군대에도 입대했다.

과거에는 이집트, 레바논, 알제리, 이라크, 팔레스타인, 수단, 예멘 등에서 20대 여성들이 존재감과 정체성에서 앞서갔으나, 현대 걸프 여성들은 아랍 여성 사회에서 새롭게 등장해 이 세기 동안 여성의 역량 강화, 자유화, 그리고 평등을 실현해냈다. 모로코, 튀니지, 이집트, 레바논, 이라크 및 다른 아랍 국가들의 여성들이 지난 100년 동안 놀라운 성과를 거두었다면, 걸프의 여성들, 특히 아랍에미리트의 여성들은 지난 20년 동안, 과거 100년에 걸쳐 아랍 국가들의 여성들이 달성한 문명적 성과에 버금가는 성공을 거두었다.

여러 지표가 걸프 여성들의 여건이 개선되었다는 것을 보여주고 있다. 특히 걸프 국가들은 성평등 및 여성 능력 강화 지표에서 앞서 나가고 있다. 아랍에미리트, 쿠웨이트, 바레인 외의 다른 아랍 국가들에서는 이들 국가만큼의 여성 평등 및 여성운동에 대한 장기적이고 오랜 기록과 역사를 찾기 어렵다. 이 국가들은 여성 평등 지표에서 각각 1, 2, 4위를 차지했다. 그리고 더욱 놀라운 사실은 사우디아라비아가 아랍 여성 평등 지표 5위로 올라섰다는 것이다. 이것은 새로운 걸프의 상징이라고 할 수 있다. 걸프와 다른 아랍의 문화적 차이가 선명하게 드러나는 가운데, 특히 여성 능력 강화 지표에서 걸프 국가들이 이 지역의 다른 국가들을 앞서고 있다는 것이 뚜렷하게 나타난다.

같은 맥락에서 걸프 여성들은 풍요로운 복지와 석유의 시대가 끝난 현시점에 걸맞은 사회적 의식을 가지게 되었으며, 아랍 여성 중에서도 가장 강력한 여성으로 손꼽히고 있다. 2023년에 발표된 '영향력 있는 아랍 기업인 여성 100명' 명단에는 걸프 여성들이 주를 이루었다. 이 목록에는 52명의 걸프 여성들이 포함되며, 가장 영향력 있는 아랍 여성의 절반 이상을 차지했다.

아랍 여성 인구 1억7,500만 명 중에서 걸프 여성들이 차지하는 비율이 10%에 불과한 점을 감안하면 이 사실은 주목할 만한 가치가 있다고 볼 수 있다. 또한 이 명단 대부분을 걸프 여성들이 차지하고 있다는 사실은 새로운 걸프 상황을 잘 보여주고 있다. 걸프 중산층에서 여성들이 높은 지위를 차지하고 있는 것은 그만큼 걸프 중산층이 견고하다는 것을 보여준다. 걸프 여성들의 영향력은 현재 아랍 여성의 영향력을 뛰어넘고 있다. 이것은 20년 전, 50년 전에는 상상도 할 수 없던 일이었다. 걸프 여성들은 '가장 영향력 있는 100명의 아랍 여성' 목록에 주요한 부분을 차지하고 있으며, 이런 거대한 존재감과 영향력은 상대적으로 짧은 기간 동안 실현된 것이다. 만약 이 '가장 영향력 있는 여성 100명' 리스트가 20년 전에 있었다면 걸프 여성들 중 누구도 이 명단에 이름을 올리지 못했을 것이다.

100명의 여성 인물로 선정된 이들은 인적 자원, 가족, 기술, 사회, 그리고 정치 분야에서 뛰어난 성과를 보였다. 이들이 속한 직장이나 활동 분야에서 보여준 엄청난 성공은 그들의 노력의 결실이다. 또한 이들 뒤에는 여성의 인권 향상과 능력 강화를 위해 투쟁해 온 오랜 역사가 있다. 예를 들어 아랍에미리트의 관용부 장관인 루브나 카시미는 그녀의 오랜 정치활동 덕분에 2017년 정부 부문에서 가장 영향력 있는 아랍 여성 1위에 오를 수 있었다.

루브나 카시미는 10년 동안 여러 주요 장관직을 맡았다. 그녀는 해외 무역, 국제협력개발부, 경제계획부, 그리고 자이드대학교 총장 등 다양한 고위 직책을 역임했다. 그러나 이처럼 그녀가 정치, 행정, 금융, 사업, 학문, 의료, 항공, 예술 등에서 뛰어난 성과를 보였던 것과 달리 걸프 여성들은 비전통적인 분야에서는 최근에야 두각을 나타내기 시작했다. 걸프 사회는 얼마 전까지도 전통적이고 보수적이며, 베두인 전통에 묻혀 있고, 호화로움만을 추구하는 사회의 특징을 가지고 있었다.

비전통 분야에서 걸프 여성의 역할을 대표하는 예로는 마리암 알 만수리*와 같은 전투기 조종사를 들 수 있다. 그녀는 2015년 테러 조직 ISIS의 기지 공격을 위한 16대의 F-16 전투기 편대를 이끌었고, 이것은 아랍에미리트 여성이 이루어낸 성평등을 증명하는 가장 훌륭하고 빛나는 순간이었다. 바로 이 걸프의 여성이 전례 없이 중요한 역할을 수행했다. 그녀가 현대 아랍 역사상 가장 위험한 테러 조직에 맞서 전투에 참여한 것은 지난 20세기 식민지 지배에 맞서 국가의 자유를 획득하기 위해 싸운 알제리의 영웅인 자밀라 부히레드를 연상시키는 패러다임 변화라고 할 수 있다. 마리암 알 만수리가 ISIS에 맞서 싸운 것은 자밀라 부히레드가 프랑스 식민지 지배에 맞서 싸운 것과 동

마리암 알 만수리 마리암은 어린 시절부터 군 전투기 조종사의 꿈을 꾸었다. 하지만 여성이 조종사가 되기란 불가능에 가까웠다. 그럼에도 불구하고, 그녀는 군에 입대했고, 이후 때마침 여성의 군사활동 기회를 넓히는 방향으로 법이 바뀌면서 그녀의 꿈은 이루어졌다. 그녀는 아랍에미리트 공군사관학교에 입학한 첫 여성이자 최초의 여성 전투기 조종사가 되어 ISIS 격퇴에 가담했다. 그녀는 아랍 여성의 롤모델로 찬사를 받고 있다.

일한 맥락이다. 이 두 사례는 국가의 시민으로서 국가에 부여된 권리, 의무, 역할이 여성에게도 동일하게 적용됨을 보여준다.

자밀라 부히레드는 지난 1950년대, 프랑스 식민지배에 저항한 독립전쟁*에서 150만 명에 달하는 희생자가 발생한 알제리에서 탄생했다. 그녀는 독립 투쟁, 희생, 영웅주의, 구원을 상징하는 고결한 이미지를 구현했다. 알제리혁명에서 그녀는 국가를 위해 자신의 삶을 희생하는 가장 감동적인 사례가 되었다. 체포되어 고문받고 재판이 진행되는 동안 그녀는 자신의 동료들에 대한 질문에 답하라는 요구를 거절하며, 독립 이후 그녀가 석방될 때까지 끈질기게 침묵을 지켰다. 자밀라 부히레드는 알제리와 아랍 국가의 해방과 자유를 상징했다.

마리암 알 만수리는 21세기에 발생한 테러와의 싸움, 이런 새로운 영웅주의의 서사시를 구현했다. 자밀라 부히레드가 싸운 국가 침략자들과 마리암 알 만수리가 싸운 전투 모두, 부패한 삶을 유지하고, 이슬람의 이름으로 극단주의와 무지를 선전하는 적들과의 싸움이다. 국

알제리 독립전쟁   1954년부터 1962년까지 알제리의 민족해방전선(FLN)과 프랑스 공화국 사이에 전쟁이 벌어졌다. 1830년 프랑스는 알제리를 아프리카의 중요한 거점으로 보고 점령했고, 알제리 술탄을 축출한 후에 식민지로 지배하게 되었다. 프랑스는 알제리에 상당한 투자를 통해 근대화를 추진하기도 했지만 대다수의 알제리 국민은 이로 인한 혜택을 받지 못하고 빈곤에 처해 있었다. 1954년 민족해방전선은 프랑스로부터의 독립을 선언하고 게릴라 전쟁을 시작했고, 프랑스는 이를 유혈진압으로 대응했다. 알제리 민족해방전선의 무장투쟁은 전국적으로 확대되어 알제리와 프랑스 양측에 많은 사상자를 낳았다. 결국 1962년 양국은 에비앙 협정을 체결하게 되고, 알제리는 프랑스로부터 독립해 알제리 공화국을 선포했다.

가의 극단주의자들은 국가의 침략자만큼이나 위험하다. 또한 이들 극단주의자들은 모두에게 적대적이며, 아랍 민족국가와 그를 상징하는 모든 것에 대해 저항심을 가지고 있다. 그리고 그 상징의 선두에는 모든 형태의 억압과 후진적인 구속에서 해방과 평등을 외치는 아랍 여성의 외침이 있다.

자밀라 부히레드가 20세기 여성을 대표하며 알제리를 상징했듯이 마리암 알 만수리도 21세기 아랍과 걸프의 여성들을 대표하고 있다. 아랍에미리트는 여성에 대한 높은 수준의 신뢰와 평가를 표현했다. 한 번에 여성 8명을 장관으로 임명함으로써 2016년 2월에 재구성된 내각에서 여성이 차지하는 비율이 아랍에미리트 내각의 30%에 이르렀다. 이런 결과로 아랍에미리트는 2016년에 아랍 국가들 중에서 여성 장관 비율이 가장 높은 국가가 되었다. 2022년 아랍에미리트는 9명의 여성 장관이 정부 부처에서 활동하고 있다.

마리암 알 만수리 세대의 탄생은 개인의 열망, 사회의 의지, 그리고 국가 지도자들의 결정이 복합적으로 작용해 이루어진 것이다. 그것은 민간 분야가 아닌 국방 분야에서 여성의 새로운 역할을 인정하고 수용하는 것이었다. 21세기 아랍에미리트에서의 이 변화는 단순히 여성이나 개인의 변화만이 아니라 전체 국가 차원에서의 중요한 변화를 상징했다. 아랍에미리트의 사회는 여성이 아랍 국가의 롤모델이 될 수 있다는 사실을 수용하고 장려했다.

아랍에미리트의 마리암 알 만수리는 ISIS와의 전투에 처음부터 참여했고, 이는 아랍에미리트, 아랍, 그리고 전 세계의 역사에 중요한 페이지를 추가했다. 그녀는 아랍에미리트 공군의 최신형 전투기를 조종했는데, 이를 위해서는 깊이 있고 복잡하며 집중적인 훈련이 필요했다. 전체 편대를 지휘하는 지위에 오를 수 있었다는 것은 그녀가 독보적인 능력을 지녔음을 보여준다. 그녀는 정신적·신체적으로 균형이 잡힌 인재다. 편대장은 비행의 정확한 속도를 계산하고 통신을 처리해야 하며, 이에 따라 매초마다 생사가 갈릴 수 있다. 마리암 알 만수리는 이처럼 가장 위급하고 민감한 상황에서도 가장 순수한 형태의 평등을 실현했다.

마리암 알 만수리는 2016년 '위대한 아랍 여성 100인' 명단에서 49위에 올랐다. 또한 사우디아라비아 사업가 루브나 알 울얀은 2017년 '아랍 사업가 중 위대한 여성' 1위에 이름을 올렸으며 2023년 현재도 3위를 차지하고 있다. 이는 보수적이며 극단적 요소를 가진 국가에서, 특히 여성의 자동차 운전과 같은 문제에서 엄격했던 사우디아라비아를 포함한 모든 아랍 국가에서 여성의 사회활동이 늘어나고 있음을 보여주는 사례다. 사우디아라비아의 루브나 알 울얀은 금융 및 비즈니스 분야에서 아랍 여성이 지난 100년 동안 도달하지 못했던 곳에까지 도달했다. 그녀는 100만 달러에 달하는 가족 자산을 모았으며, 현재 울얀 금융 기업의 CEO이자 사우디 알 아왈 은행 운영위원회장이며, 영국의 롤즈로이스와 미국의 시티그룹의 자문위원회 멤버다.

루브나 알 울얀이라는 여성만이 금융 분야에서 성공한 것은 아니다.

2015년 보고서에 따르면 사우디아라비아 여성들은 총 2,100억 달러에 이르는 자산을 관리하고 있으며, 이 규모는 10개 아랍 국가의 국내총생산보다 크다. 따라서 이들은 아랍뿐 아니라 전 세계에서 부유한 사람들의 명단에 이름을 올리고 있다. 사우디아라비아 국부펀드의 20%, 그리고 사우디아라비아 금융 중개 기관의 33%는 사우디아라비아 여성들이 보유하고 있다. 금융과 경영 분야에서의 성공을 바탕으로 사우디아라비아 여성들은 정치와 선거에도 뛰어들었다. 사우디아라비아의 슈라위원회에서는 위원회 임원 151명 중 이미 30명의 여성이 임명되었다. 또한 공주 중 한 명인 리마 빈트 반다르 알 사우드는 여성 스포츠 총사무국의 대표를 맡았다. 그녀는 사우디아라비아 여성운동의 선두에서 활동하며, 보수적인 걸프와 아랍 사회에서 여성들의 새로운 미래를 열어가고 있다.

뛰어난 역할을 수행한 걸프 여성 인물들이 있지만, 정치적인 존재감이나 영향력을 명확하게 드러낸 여성은 드물다. 사회적 논란을 일으킨 여성도 별로 없다. 카타르 국왕 타밈 빈 칼리파 알 사니의 어머니인 셰이카 모자 빈트 나세르*는 지난 20년 동안 가장 두드러진 존재감과 영향력을 보여준 여성 중 한 명이다. 그동안 카타르는 현대 아랍 역사에서 중요한 순간을 맞이했다. 모자 왕비는 정치 지도자로 부상했고, 자유, 인권, 그리고 민주주의로의 전환에 대한 지지를 표명하면서 아랍의 봄을 이끌었다. 그러나 아랍의 봄을 통해 아랍 전역은 전례 없는 혼돈의 늪에 빠졌다. 모자 왕비는 아랍 정치 문제에 깊이 몰두하며 열정을 보여주었고, 그럼으로써 카타르와 아랍 세계에서 선구자적인 여성으로 인식되었다. 그녀의 주요 목표 중 하나는 이집트의 호스니 무바라크 전 대통령의 딸인 수잔 무바라크처럼 진보적 여성으로서의 이미지를 확립하는 것이었다. 그러나 수잔 무바라크는 정치 세계에서 패배했고, 모자 왕비 역시 짧은 스포트라이트를 받은 후 아랍 정치 세계에서 갑자기 사라져야 했다.

모자 왕비의 활동 기간은 길지 않았지만, 걸프 여성의 순간은 지속되고 있으며, 발전의 길로 나아가고 있다. 이는 가정, 직장, 공적 활동에서 걸프 여성의 지위와 처우가 계속 개선되고 있기 때문이다. 이는 여성의 역할이 축소되고 있는 이집트, 모로코, 요르단, 시리아, 이라크, 레바논 등의 일부 아랍 국가와 대조적인 현상이다. 1965년에 수단의 파티마 아흐마드 이브라힘이 의회에 진출한 것이 최초의 아랍 여성 정치인의 진출이었다. 2015년에는 아말 알 꾸바이시가 아랍에미리트에서 최초로 아랍의회 의장이 되었다. 아말은 수단, 이집트, 튀니지, 레바논, 이라크가 아닌 바로 걸프 국가 출신이다. 이는 걸프 사

셰이카 모자 빈트 나세르 카타르 전 국왕 셰이크 하마드 빈 칼리파 알 사니의 두 번째 부인으로 카타르 재단의 공동 창립자다. 그녀는 카타르 야권 활동가 나세르 빈 압둘라 알 미스네드의 딸로도 널리 알려져 있다. 1995년 그녀는 비영리 기관인 카타르 교육·과학 및 지역 개발재단(Qatar Foundation)을 창립했고, 이 재단은 도하에 에듀케이션 시티 프로젝트를 추진한 기관으로 잘 알려져 있다. 그녀는 카타르 정부에서 보건과 교육 분야의 주요 직책을 맡았으며, 유엔과 유네스코 등 국제기구에서 교육 관련 활동으로 명성을 높였다. 이처럼 중동에서 드물게 왕성한 대외활동을 수행함과 동시에 카타르의 개혁을 주도하면서 '중동의 힐러리'라는 별명을 얻기도 했다.

회가 전통, 관습, 종교적 극단주의의 제약에서 벗어났음을 보여주는 사례다. 그 결과 아랍, 걸프의 지역적 영향력과 역할에 대한 신뢰와 긍정적인 인식이 사회 전반에 널리 퍼졌다.

걸프 여성들이 조금 늦게 발걸음을 내디뎠을지 모르지만, 아랍 역사에서 걸프 여성의 시간이 왔음을 알 수 있다. 그녀들은 책임감을 갖고 역사적 항쟁을 이어가고 있는 세대 간의 노선을 완수하고 있다. 그 결과 아랍 여성들은 그녀들의 권리와 의무에 있어서 자유와 평등을 실현하고 있다.

걸프 도시의 순간

걸프 여성의 존재감과 걸프 중산층의 영향력이 새로운 걸프 사회의 중요한 요소를 구성하고 있다. 걸프 사회의 새로운 얼굴로는 걸프 도시의 등장도 포함되어 있다. 그리고 그 가운데에 두바이가 21세기 도시의 모범 사례이다. 과거에는 중세시대의 카이로와 가말 압델 나세르의 카이로가 동방의 대표 도시로 인식되었으며, 하룬 라쉬드와 천일야화의 바그다드, 시인(詩人) 자와히리와 샤키르 시야브의 바그다드가 중요한 역할을 했다. 우마위야조의 수도이며 쟈스민의 도시로 불렸던 다마스쿠스는 고대 도시의 대표적인 예였다. 최근에는 베이루트가 삶, 문화, 사상, 시를 창출하는 동방의 파리로 불렸다. 녹색 튀니지를 동방의 씨앗으로 인식하고, 20세기 중반까지 뉴욕 다음으로 세계에서 두 번째로 활발했던 항구 도시인 아덴까지 아랍에서 도시의 역사는 깊고 다양하다.

아랍의 모든 도시, 수도, 항구는 각자 독특한 순간을 살았으며, 계몽적인 역할을 했다. 과거 등한시되었던 걸프 도시들은 다른 아랍 도시들에 경외감을 가지고 바스라, 튀니스, 아덴, 베이루트, 카이로, 바그다드, 혹은 카르툼과 같은 당대의 도시가 되고 싶어했다. 과거에는 걸프 도시 국가들이 아랍의 다른 대도시를 능가하리라 생각하기 어려웠다. 걸프 국가들의 도시가 아랍의 금융, 비즈니스, 교육, 문학, 예술 등의 영역에서 두각을 나타내거나 개발과 지식 지표에서 앞설 것이라는 예측은 더욱 불가능해 보였다. 그러나 새로운 세대의 도래와 함께 걸프 국가의 도시들은 시대에 걸맞은 스타로 떠올랐으며, 이제는 걸프는 국가의 시대가 아니라 도시의 시대에 접어들었음이 잘 알려져 있다.

현시대는 제국주의의 시대가 아니라 세계화된 도시의 시대다. 걸프의 국가들이 새로운 역사를 살아가는 동안 다른 아랍의 도시들은 과거의 영광을 추억하며 살아가고 있다. 그러나 일부 아랍의 도시들은 불길과 쥐가 들끓는 폐허라는 현실에 직면해 있다. 그렇다고 해서 다른 아랍 도시들이 모두 사라졌다는 것은 아니다. 새로운 현실에서는 과거의 영광스러운 스타 도시들이 점점 후퇴하고 있으며, 걸프 도시들이 부상했다.

이것이 바로 두바이, 아부다비, 도하의 순간이며, 카이로, 바그다드, 다마스쿠스, 베이루트, 마라케시, 튀니스 같은 도시들의 순간이 아니다. 이들 도시는 과거에 영감을 주는 롤모델이었고, 지난 몇십 년 동안, 심지어 몇 세기 동안 도시 문명의 주역으로서 역할을 해왔다. 새로운 걸프 도시들의 부상은 결코 순식간에 생겨난 일이 아니다. 이것은 몇십 년 동안의 노력과 투자의 결과물로, 무에서 유를 창조한 것이다.

또한 걸프 도시들은 현대 도시를 평가하는 여러 지표에서 우수한 성적을 기록하고 있다. 이들의 삶의 수준, 인구 복지, 안보와 안전, 청결도, 제도의 안정성, 인프라의 발전, 사회 환경의 개선, 거주와 업무 환경의 적합성, 관광 및 투자 매력 등에서 매우 우수한 성과를 보여주고 있다. 모든 지표를 종합해보면 두바이, 아부다비, 도하, 마나마, 무스카트, 리야드, 젯다 등 8개 걸프 국가의 도시들이 계속해서 아랍 및 중동의 다른 도시들을 능가하고 있다. 때로는 아시아, 유럽, 미국의 도시들을 앞서기도 한다. 이런 지표가 걸프 도시들이 지속적으로 발전하고 있다는 것을 증명해준다. 그리고 매년 이런 성과를 바탕으로 걸프 국가 도시들은 다른 지역의 도시들에 비해 점점 더 높은 성과를 내고 있다.

생활수준과 삶의 질 측면에서 탁월한 아랍 5개 도시에는 두바이, 아부다비, 무스카트, 도하, 그리고 튀니스가 포함되어 있다. 평화와 안전에 관한 지표에서는 아부다비가 아랍 도시들 중 1위를 차지하고 있으며, 그 다음으로는 도하, 쿠웨이트시티, 리야드, 두바이 순이다. 가장 빠르게 성장하는 아랍 도시로는 두바이가 선두를 차지하고 있으며, 이 지역에서 가장 세계화된 도시로는 두바이, 아부다비, 도하, 리야드, 젯다 순으로 나타났다. 세계 부자들에게 가장 매력적인 아랍 도시는 두바이로, 다른 아랍 도시들을 앞선 선두를 유지하고 있다. 아랍 지역에서 가장 많은 관광객을 끌어들이는 도시로는 두바이가 1위를 차지했으며, 방문객들에게 가장 인기 있는 명소로는 두바이의 부르즈 칼리파가 선정되었다. 카이로, 베이루트, 암만, 리바트, 알제리, 다마스쿠스, 바그다드와 같은 도시들은 이들에 비해 순위가 뒤로 밀렸다.

걸프 국가들은 아랍 지역 내 다른 국가들을 앞서면서 거의 모든 지표에서 두각을 나타내고 있다. 특히 두바이는 대부분의 지표에서 1위를 차지했다. 가장 중요한 것은 세계에서 가장 영향력 있는 도시 지표인데, 이 지표에서 두바이는 아랍 도시 중에서 1위, 그리고 전 세계 국가들 중 7위를 차지했다. 이 지표는 두바이가 바로 롤모델 도시임을 입증하고 있다. 걸프 국가의 순간 혹은 아랍 국가의 순간이 아니라 두바이의 순간이다. 두바이의 영향력은 지리적 경계를 넘어서 세계에서 가장 영향력 있는 도시 10위 안에 들었다. 이는 런던, 뉴욕, 파리, 싱가포르, 도쿄, 홍콩으로 이어지는 순위로, 중국의 수도인 베이징, 호주의 수도인 시드니, 미국의 주요 도시인 로스앤젤레스를 앞서는 순위다. 아부다비는 아랍 국가들 중에서 2위, 세계 국가들 중에서는 20위를 차지하며, 한국의 수도 서울과 동등한 위치를 차지했다. 《포브스)가 발행한 도시의 영향력을 평가하는 지표에서는 인적 자원 집중도, 사회적 운동, 문화적 다양성, 부의 축적, 서비스의 수준, 투자 유치 능력, 재능 활용, 세계적 언론사의 수, 다국적기업의 지점 수 등에서 앞섰다. 이런 지표를 바탕으로 두바이는 아랍 도시들 중에서 가장 영향력 있는 걸프 도시로 뽑혔으며, 21세기 세계에서 가장 영향력 있는 도시 10위 안에 들었다.

오늘날 전 아랍 대륙에서는 어디서든 두바이를 발견할 수 있다. 아랍은 두바이에 대해 듣고, 두바이에 대해 읽고, 두바이의 영향력을 보게 될 것이다. 아랍 서쪽 끝에 위치한 라바트에서 두바이의 투자 가치를, 알제리에서는 두바이의 존재감을 발견할 수 있다. 예를 들어 세계적인 두바이 항구 기업은 아프리카에서 가장 큰 항구인 알제리항을 운영하고 있고, 두바이가 튀니지 최대 규모의 해양 부동산 프로젝트를 진행하고 있다. 또한 카이로, 베이루트, 암만, 젯다, 마나마, 도하, 무스카트 등의 도시에서는 두바이의 영향력을 느낄 수 있으며, 이들 도시가 '두바이화' 되는 과정을 목격하게 될 것이다.

더욱 놀라운 사실은 두바이에는 미국의 로스앤젤레스보다 더 많은 기업이 위치하고 있다는 것이다. 두바이의 영향력은 런던, 비엔나, 이스탄불, 하이데라바드, 뉴델리 등 유럽과 아시아의 주요 도시에서도 느낄 수 있다. 더 나아가 두바이는 세계에서 가장 큰 50개 항구와 가장 혼잡한 120개 공항 목록에서도 자신의 존재감을 표현하고 있다.

두바이 회사들은 전 세계를 관통하며 영향력을 확장하고 있다. 두바이의 부동산 투자는 전 세계 다섯 대륙에서 찾아볼 수 있다. 두바이라는 이름은 세계 모든 도시에서 들을 수 있으며, 모든 대륙의 사람들이 알고 있다. 두바이의 공항과 항구는 전 세계 주요 공항과 항구와 연결되어 있다. 걸프나 아랍의 어떤 도시에서도 두바이가 아랍 지역 또는 전 세계 지역으로부터 받는 언론의 관심만큼의 주목을 받는 도시는 없다. 두바이는 중동 및 북아프리카 언론의 수도라는 존재답게 명성이 자자하다. 걸프와 주변 국가들의 모든 뉴스는 두바이에 위치한 언론 방송사들로부터 전 세계에 전해진다. 세계적인 도시로 성장하는 데 무려 105년이 걸린 19세기 런던, 45년이 걸린 20세기 중반의 서울, 25년이 걸린 21세기 초반의 쿠알라룸푸르와 비교하면 두바이는 단지 15년 만에 세계적 도시 반열 진입에 성공했다.

이처럼 빠르게 성장하고 미래로 나아가는 도시는 두바이뿐이다. 이는 국가의 생존이 국가가 지닌 힘에 의한 것이 아니라 도시가 얼마나 빠르게 움직이는지에 달려 있음을 보여준다. 이것이 바로 미래 도시 개발에 관심이 있는 연구자들이 두바이를 연구해 도출한 결론이다.

따라서 두바이는 단순히 평범한 도시가 아니라 도시, 문명, 건설, 개발 등 광범위한 부문에서 찾아볼 수 없는 이례적인 현상이다. 수많은 도시들이 두바이 현상의 일부를 받아들이고자 하며, 두바이의 경험을 배우고 롤모델로 삼고자 한다. 한 도시가 롤모델이 되기 위해 경이감을 줄 수 있고 야망이 있어야 한다. 그리고 도시가 특별해야 하며 영감을 줄 수 있어야 한다. 또한 자극을 주고 새로운 변화를 만들어내

두바이의 스카이라인.

는 용기가 있어야 하며, 정체된 것을 움직이게 하는 데 앞장서야 한다. 두바이는 롤모델로서 미국의 캘리포니아와 같이 주도적인 역할을 하고 있다. 두바이는 유럽의 롤모델인 스웨덴의 스톡홀롬과도 유사한 점이 있다. 또한 아시아 대륙의 도시 롤모델인 싱가포르와도 상당히 비슷한 면을 가지고 있다. 두바이는 자극이 있는 도시인 동시에 과거와 현대의 아랍 도시의 실패를 보여주는 것이기도 하다.

두바이는 그 지역 내에서만 표본이 되려 한 것은 아니다. 두바이는 스스로 얽매이지 않고 자신을 뛰어넘을 수 있었기에 성공할 수 있었다. 아랍 도시 중에서 자신을 마케팅하고 홍보한 도시는 없었다. 두바이는 마케팅 경쟁이 심화되는 사회에서 경쟁이 필수라는 것을 잘 이해하고 있었다. 이런 시대에서 살아남기 위해서는 매력적인 포인트를 잘 마케팅하고 홍보해야 한다. 프랑스는 세계 관광 도시로서의 이미지를 잘 마케팅했고, 독일은 산업 제품의 최대 생산자로서, 스웨덴은 세계에서 가장 안전한 곳이라는 이미지로, 그리고 미국은 '아메리칸 드림'이라는 이미지로 잘 마케팅했다. 이런 도시들은 그들의 명성, 모습, 그리고 강점을 홍보하는 데 적극적으로 투자했다. 두바이는 콘텐츠만큼 광고의 기술과 이미지도 중요하다는 것을 잘 이해하고 경험해왔다. 그리고 이것이 바로 선두에 서기 위한 필수 조건 중 하나라는 것도 잘 알고 있다.

두바이의 현재 모습은 세계 제1의 석유 이후 경제 표준을 추구하는 그들의 비전과 잘 부합한다. 석유를 기반으로 한 도시들이 이룩해 낸 것을 뛰어넘는 성공을 이루었기 때문이다. 무함마드 빈 라쉬드는 두바이 세계화의 아버지로서, 두바이가 지금까지 이룩한 것은 미래를 향해 빠르게 나아가는 이 도시의 열망의 10%도 채 안 된다고 말했다.

이 도시는 투자자, 개혁가들, 그리고 아랍, 아프리카, 아시아의 젊은이들에게 큰 매력을 발산하고 있다. 200여 개가 넘는 다양한 인종으로 구성된 이들은 두바이를 방문하고, 두바이에서 무언가를 얻어가며, 두바이의 정신을 전 세계에 전파하고 있다. 이들 모두는 두바이에 자신이 가진 가장 좋은 것을 제공하고, 반대로 두바이가 가진 기술, 명성, 품질, 부, 그리고 긍정적인 에너지와 같은 가장 좋은 것을 얻어간다. 두바이는 아랍에서 번영, 창조, 지식과 계몽의 도시로서의 역할을 수행하려 하고 있다. 시대적 의미에서 코르도바*가 한때 그랬던 것처럼 두바이 역시 그런 역할을 수행하려 한다.

코르도바　코르도바는 스페인 남부 안달루시아 지역에 있는 도시다. 역사적으로 안달루시아 지역은 711년부터 1492년까지 무슬림들에 의한 이슬람제국이 통치했다. 이 시기 코르도바는 정치, 문화, 학문, 예술의 중심지로 중요한 역할을 수행했는데, 이슬람 건축의 절정을 보여주는 코르도바 대모스크가 위치하고 있다.

5장

문화와 지식의 존재감

아랍 경제와 금융의 중심으로 떠오른 걸프 국가들에 대한 이야기는 이제 기정사실화 되고 있다. 그러나 이보다 더 중요한 사실은 걸프 국가들의 다른 아랍 국가들에 대한 정치적 및 외교적 영향력이 지속해서 커지고 있다는 점이다. 걸프 국가들의 영향력은 정치와 경제뿐만 아니라 사회와 공동체 분야로 확대되고 있다. 아랍 문화의 중심이 걸프로 이동한 것은 그들의 창의력이 정치 영역을 뛰어넘었다는 것을 보여준다. 이는 걸프가 생산하는 지식과 그 영향력이 걸프 국가들이 사회 및 공동체에 미치는 영향력과 동등한 수준이 되었다는 것을 나타낸다.

아랍의 현대 역사를 되돌아보면 걸프의 순간은 주로 경제, 정치, 사회, 언론 등으로 언급되고 있다. 문화, 창조, 지식에 대한 언급은 상대적으로 부족하다고 할 수 있다. 이런 분야에서의 걸프의 순간은 아직 완성되지 않았지만, 몇 년 내에 강력한 영향력과 존재감을 드러내며 다가올 것이다. 그리고 이런 움직임이 지속된다면, 걸프의 순간은 문화인들과 사상가들에 힘입어 더욱 발전해 나갈 것이다. 걸프의 창작자(크리에이터)들은 지식인들의 지식과 경험을 바탕으로 시작되었다. 걸프의 지식 계층은 새로운 걸프 문화의 흐름을 따라가며 빠르게 성장하고 있다.

걸프 문화가 주목받기까지 오랜 시간이 걸렸지만, 이제 걸프와 아랍의 지적 존재감이 강하게 드러나고 있는 것이 분명해 보인다. 문화적 존재감은 아랍의 경제와 정치, 사회, 그리고 문화적 변화를 모두 의미하며, 우리의 이해와 인식에 깊은 영향을 미칠 것이다. 이는 단순히 걸프 지역의 발전이 아니라 아랍 전체의 변화와 성장을 의미하며, 우리가 관심을 기울여야 할 중요한 주제다.

걸프의 문화운동이 계속 진행 중인 것이 바로 걸프의 문화와 지식의 순간이 도래했음을 보여주는 첫 번째 증거다. 이것은 걸프가 아랍의 계몽을 이끌 것임을 암시한다. 즉 아랍 번영의 시간이 왔다는 뜻이다. 아랍 문명은 침체라는 거대한 장애물에 부딪히며 계몽의 행진을 역사적으로 완수하지 못했다. 100년 전부터 아랍 문명 프로젝트가 시작되었지만 아직 완성된 것은 아니다. 계몽을 이끌려는 노력은 있었지만 결과는 미미한 수준에 그쳤다.

걸프 문화운동의 순간

이제 걸프 지역은 문화와 지식의 건조한 사막에서 벗어나 높은 수준의 창작물, 사상, 문학, 예술을 창출하는 진원지로 떠오르고 있다. 그들의 문화는 더 이상 메마르지 않았다. 창작자들에게 포용력을 발휘하며, 시대에 뒤떨어지지 않는다. 20세기의 엘리트들이 걸프를 문화적·지식적 변두리로 여기던 그 시절은 이제 종료되었다. 걸프 사회는 보수적인 과거에서 현대 사회로 변화했고, 이제는 현대화 이후의 시대로 나아가고 있다. 걸프 국가들이 단순히 돈이나 쓸 줄 알고 창의성이 없다는 고정관념은 50년 전의 이야기다. 현재 걸프는 아랍 지식과 문화를 진정으로 창조하고 소비하고 있다. 걸프의 문화 사막은 생명력이 넘치는 오아시스로 변화했다. 다른 아랍 국가의 사상, 예술, 문학, 서적, 학문, 연구, 지식의 생산과 관심, 그에 따른 결과물이 찬란했던 것처럼 걸프 역시 다를 바 없다. 이 새로운 시대가 시작됨에 따라 걸프 문화의 영향력은 더욱 커지고 있다.

걸프 국가는 현대 아랍 역사에서 중요한 번역 운동을 주도하고 있다. 이를 증명하는 가장 좋은 사례가 다르 칼리마다. 다르 칼리마는 아랍 세계에서 가장 큰 번역 기관으로, 매년 200여 권 이상의 서적을 번역하며 문화의 전파와 공유에 기여하고 있다. 걸프 국가는 특허권 등록에서도 아랍 국가 중 최상위에 위치하고 있다. 이로써 걸프가 지식 기반 사회로서의 위치를 공고히 하는 데 중요한 역할을 한다. 걸프의 대학들과 연구기관은 세계적으로 인정받는 수준이며, 지식사회를 준비하고 있는 걸프 경제는 지역경제 중에서도 가장 크게 성장하고 있다.

소설 분야에서도 걸프의 소설들은 높은 판매율을 기록하며 아랍 소설계에서 여러 상을 휩쓸고 있다. 걸프의 문화, 예술 및 지식과 관련한 상은 금전적인 가치뿐만 아니라 그 이상의 의미를 지니며, 아랍 국가들의 창작자들과 창작 산업의 융합을 촉진하고 있다. 또한 걸프 도서박람회는 그 조직적 체계와 시장 규모 면에서 다른 아랍 국가들의 도서박람회를 능가하고 있다. 걸프의 독자들은 다른 아랍 국가들의 독자들에 비해 더 많은 시간을 독서에 투자하며, 걸프의 가수들은 아랍 세계에서 가장 사랑받는 노래를 부르고 있다. 이 모든 것은 걸프의 다음 세대 창작, 예술, 문화, 지식의 존재감이 무시할 수 없는 수준임을 보여준다. 이로써 아랍 역사에서 걸프의 강력한 부상을 증명하고 있다.

이런 모습이 바로 걸프 지역이 카이로의 독점적인 저술과 베이루트가 주도하던 출판 및 유통, 바그다드가 역사서에 집중하던 전통적인 아랍 문화 국가들의 역할을 그대로 따르는 것이 아니라는 것을 보여준다. 바그다드는 아랍 세계의 독서 도시로서의 명성을 잃었고, 카이로, 베이루트, 바그다드가 아랍 문화 세계에서 주도권을 가지고 있던 시절은 이미 지나갔다. 하지만 새로운 세대는 걸프 수도와 도시들에서 독서, 창작, 출판, 유통 활동을 집중적으로 선도하며 아랍 문화의 새로운 방향을 이끌고 있다.

리야드, 젯다, 샤르자, 두바이, 아부다비, 무스카트, 도하, 마나마, 쿠웨이트시티는 실제로 집필, 독서, 출판, 번역, 그리고 도서 제작에

헌신의 노력을 기울이고 있다. 이들의 노력은 걸프 국가들이 새로운 번영과 문명의 빛을 발하게 하는 근본적인 동력이 되고 있다. 이들 국가가 아랍의 새로운 시대를 창조해가는 빛의 역할을 하고 있다.

이런 현상은 문화와 지식의 오랜 침체기가 종식되었음을 보여준다. 걸프 국가들은 그들의 지식의 정체기를 뛰어넘어 아랍 문명의 새로운 번영을 이끌어내고자 노력하고 있다. 지난 100년 동안의 첫 아랍 현대화 시기는 아랍 문화와 발전의 성과를 이루지 못했지만, 현재 걸프의 문명과 근대화가 새로운 형태로 펼쳐지고 있다. 아랍 문화, 사상, 예술의 거장들이 걸프 지역으로 이동하면서 이런 변화가 가능해진 것이다.

20세기 초 카이로는 아랍 문화, 사상, 언론의 상징으로 자리매김했고, 베이루트는 20세기 후반에 아랍 예술과 문학의 상징으로 등극했다. 이제는 두바이, 아부다비, 도하, 쿠웨이트시티, 샤르자 등의 걸프 도시들이 아랍의 석학들, 연구자들, 학자들, 재능 있는 사람들, 능력 있는 사람들, 발명가들을 맞이하고 있다. 아랍의 과거를 경험한 후 새로운 아랍 시대의 건설은 걸프와 함께 새롭게 시작되고 있다.

이런 변화가 걸프의 문화운동, 창작활동, 지식 부흥이 걸프만의 색채를 지닌 아랍 운동의 새로운 형태를 보여준다. 이제는 걸프 국가들이 중요한 문학, 사상, 학문, 연구의 성과를 창출해낼 시기가 도래했다고 볼 수 있다. 문화적으로 다른 아랍 국가들이 걸프에 미치는 영향보다 더 많은 영향을 걸프 국가들이 아랍 전체에 미치고 있다는 것은 분명한 사실이다. 이것은 논쟁의 여지가 없는 명백한 사실이다. 걸프의 지식과 문화운동은 독보적으로 발전하고 있다. 걸프는 아랍 지식과 문화운동에서 소외되어 있지 않았다. 오히려 그들은 창작의 세계로 나아가는 길을 주도하는 중이다.

아랍 세계에서 처음으로 걸프의 문화적 존재감이 높아지고 있음을 인정한 계기는 2016년 아랍작가총협회의 사무국을 다마스쿠스에서 아부다비로 이전하기로 한 결정이었다. 이 결정은 갑작스럽게 이루어진 것이 아니라 상당한 시간을 들이며 깊이 있는 검토를 거쳐 이루어졌다. 아랍작가총협회의 사무국을 아부다비로 이전하는 것은 걸프가 다른 아랍 국가들보다 더 적합한 장소라는 판단 때문이며, 이는 앞으로 다가올 역사적인 순간을 대비하기 위한 결정이었다. 이런 이전은 아부다비를 대표주자로, 걸프를 문명적 존재감을 지닌 곳으로 인정한 것이다. 즉 아랍작가총협회 사무국의 이전은 아랍 문화의 무게 중심이 걸프로 이동하고 있는 역사적인 흐름이 제도적인 차원에서도 시작되었다는 것을 보여준다. 이 결정은 21개 아랍 국가의 작가 협회와 위원회, 주요 문학가들의 합의를 통해 이루어졌다.

아랍작가총협회의 본부 이전은 그것 자체로 중요한 사건이지만, 더 광범위한 변화의 일환으로 이해되어야 한다. 1954년 협회가 설립된 이래로 이 협회에는 아랍 국가들의 가장 중요한 문학 단체와 협회들이 회원으로 가입해 있으며, 각 국가의 대표적인 문학가들이 속해 있다. 따라서 이 기구의 본거지를 옮긴 것은 아랍 문화에 획기적인 사건이며, 아랍에미리트의 수도인 아부다비가 아랍 지식인들로부터 중요하게 인정받은 결정적인 순간이다.

아부다비는 이제 아랍 지식인들이 속한 기관의 본거지이자 새로운 아랍 민족 문화 활동의 중심지로 인정받았다. 이런 변화는 아랍에미리트의 문화운동을 지원하고, 걸프의 문화운동 수준을 새로운 높이로 끌어올리기 위한 아랍 작가들과 문학가들의 의지에서 비롯된 것이다. 아부다비로 본부 이전은 단순한 위치 변경만은 아니다. 아랍에미리트 문학작가협회 총장이 사상 처음으로 아랍작가총협회의 총장이 되었다는 것이 더욱 중요하다. 이는 매우 의미 있는 변화 중 일부다.

이제 걸프 지역의 문인이 처음으로 아랍 문인들의 주요 지도자가 되었다. 걸프의 리더십 아래에서 아랍 문인들은 지난 60년 동안 그러했던 것처럼 지중해 연안 구석에서 벗어나 고요한 걸프로 새롭게 나아가고 있다. 이런 변화는 아랍 문화의 중심이 이동하고 있다는 것을 보여주며, 아랍의 문화와 지식의 새로운 시대를 예고하는 중요한 지표로 볼 수 있다.

아랍사상재단의 설립과 성장은 지중해 지역에서 걸프 지역으로 아랍 문화와 지식의 중심이 이동하고 있다는 것을 명확하게 보여주는 사례다. 이 재단은 베이루트에서 창립된 후 20년이 채 되지 않아 가장 활발한 아랍 문화 사상 기관으로 부상했다. 이는 사우디아라비아의 왕자이자 시인인 칼리드 파이살 왕자의 리더십과 아랍 지역 전체의 사상가들과 문화인들의 지원 덕분이다.

아랍사상재단은 아랍 공동체의 유산, 가치, 도덕성을 바탕으로 아랍 르네상스 운동을 실현하기 위한 노력을 결집하고 있다. 그리고 요르단 왕자 하산 빈 탈랄이 1981년에 암만에서 창설한 아랍사상포럼의 영향력이 줄어드는 상황을 틈타 부상하기 시작했다. 이 포럼은 과거에는 아랍 시민사회 단체 중에서 가장 큰 규모를 자랑했지만 현재는 그 인지도가 크게 줄어들었다.

사우디아라비아 시인 왕자에 의해 세워진 아랍사상재단의 부상과 동시에 요르단의 아랍사상포럼의 쇠퇴는 아랍 문화의 중심이 지중해 지역에서 걸프 지역으로 옮겨가고 있다는 것을 또 다른 측면에서 보여준다. 이는 아랍 문화와 지식의 중심이 점점 걸프로 이동하고 있음을 명확하게 보여주는 현상이다. 이런 변화는 아랍 세계의 다양한 분야에서 걸프의 중요성이 늘어나고 있음을 의미하며, 이는 향후 아랍 문화와 지식의 발전에 중대한 영향을 미칠 것으로 보인다.

걸프 도서박람회의 순간

걸프 지역에서의 새로운 독자들의 등장은 이 지역의 문화적 변화와 발전을 보여주는 중요한 지표다. 현대식 고등교육을 받은 이 새로운 세대의 독자들은 아랍과 전 세계의 책에 대한 애정을 품고 있으며, 그들의 등장은 걸프 출판시장에 큰 변화를 가져왔다. 이전에는 아랍 문인들 중 상당수가 걸프를 문화적 창작 능력이 부족하고 책에 대한 관심이 저조한 지역으로 여겼다. 그러나 이제는 걸프 지역에서 매년 성공적으로 개최되는 도서박람회를 통해 지식과 창작활동을 적극 포용하는 문화적 토양이 조성되고 있다.

또한 새로운 걸프의 독자들은 전통적으로 고대 종교서나 운세에 관련된 책에만 관심이 있다는 과거의 편견을 깨뜨렸다. 그들은 다양한 장르의 책을 즐겨 읽고 있다. 이들은 철학, 정치, 예술, 문화 등 다양한 분야의 책을 읽음으로써 그들의 지식과 이해를 넓히고 있다. 특히 이들은 아랍과 세계의 수필과 소설 출판에 큰 관심을 보이고 있다. 또한 부커상을 수상한 책이나 걸프의 이야기를 다룬 책을 선호한다. 이런 변화는 소설의 시대, 새로운 아랍 문학의 시대를 살고 있는 사람들의 관심 분야를 보여준다. 이는 걸프 지역의 문화적 발전과 변화를 보여주는 중요한 증거로, 걸프 지역의 독자들이 더욱 다양한 주제의 책을 읽고 토론하며 아랍 문화의 다양성과 깊이를 넓혀가고 있음을 보여준다.

걸프 지역의 독서 문화는 빠른 변화를 겪고 있다. 그들은 단순히 책을 읽는 독자들에게만 그치지 않고, 작가, 창작자, 편집자, 연구자 등의 다양한 역할로 변화하고 있다. 그리고 이에 힘입어 전통적인 도서박람회의 중심지였던 베이루트, 카이로, 다마스쿠스 등의 도시에서 샤르자, 아부다비, 리야드, 젯다, 쿠웨이트시티, 무스카트 등 걸프 지역으로 바통을 넘겨주고 있다.

베이루트와 카이로의 도서박람회는 아랍 문화와 창작 운동의 역사적 중심이었지만, 안보 문제와 생활수준의 변화, 정부의 문화 지원 부재 등으로 인해 창작물 판매와 관람객 수가 줄어들고 있다. 반면에 걸프 도서박람회는 규모, 수익, 참가자 수, 다양한 사상과 문화, 예술을 동반한 행사들을 이끌어가며 현재 아랍 도서박람회의 새로운 중심으로 자리매김하고 있다.

이들 걸프 도서박람회는 단순한 책 판매 이상의 의미를 지니고 있다. 부패한 사상과 종교적 극단주의와 같은 문제를 해결하기 위한 노력의 일환으로 청년, 학생, 어린이를 포함한 사회의 다양한 계층에게 문화와 지식의 중요성을 전달하고 있다. 이로써 걸프 지역의 도서박람회는 그들의 문화, 사상, 예술에 대한 이해를 넓혀가며, 그 지역의 문화적 변화와 발전에 중요한 역할을 하고 있다. 이들의 노력은 걸프 지역의 문화적 토양을 조성하는 데 기여하며, 그 지역의 문학, 예술, 창작활동에 대한 인식과 흥미를 더욱 높이고 있다.

걸프 지역의 독서와 창작 문화의 부상은 아랍 출판시장에 활기를 불어넣고 있다. 과거 붕괴 위기에 직면했던 아랍 출판시장은 지금은 연간 1만 권 이상의 도서를 출판함으로써 안정적으로 성장하고 있다. 이것은 매일 평균 27.5권의 도서가 새롭게 출판되고 있음을 의미하며, 이는 아랍 국가들의 문화와 창작활동의 활력을 보여준다. 출판사들 역시 안정적인 성장을 이루고 있다. 현재 3천 개가 넘는 출판사가 운영되고 있으며, 그중 640개가 레바논에 위치하고 있다. 또한 걸프 지

2020년 샤르자 도서박람회.

역에서도 새로운 출판사들이 등장하며 성장하고 있다.

걸프 도서박람회들의 부상이 이런 출판산업의 성장에 중요한 역할을 하고 있다. 2022년 샤르자 도서박람회에는 2,213개의 출판사, 아부다비 도서박람회에는 1천 개 이상의 출판사가 참여했다. 특히 최근에 시작된 리야드 도서박람회는 그 전파력과 대중성을 바탕으로 아랍 도서박람회 중에서 주목받고 있다. 이런 현상은 걸프 지역의 독서 문화가 아랍 문화의 확산과 발전에 중요한 역할을 하고 있음을 보여준다. 그들의 창작활동과 출판산업의 성장은 아랍 문화의 다양성과 풍요로움을 전 세계에 알리는 데 기여하고 있다. 이는 아랍 국가들이 글로벌 문화계에서 더 큰 역할을 하는 긍정적인 신호다.

샤르자 도서박람회는 독특하고 특별한 이벤트로, 출판계의 핵심 행사로 인식되고 있다. 샤르자 도서박람회는 아랍 세계에서 최고로 여겨지며, 전 세계적으로도 3위를 차지하고 있는 중요한 행사다. 2019년에는 샤르자가 정부 차원의 지식 지원과 출판 및 독서 문화 확산에 대한 노력을 인정받아 유네스코로부터 세계도서수도로 선정되었다. 이로써 샤르자는 2001년 이후 걸프 지역에서 첫 번째로, 중동 지역에서는 알렉산드리아와 베이루트에 이어 세 번째로, 전 세계적으로 열아홉 번째로 이 명예를 얻은 도시가 되었다.

샤르자는 세계 도시들과 치열한 경쟁 속에서 이런 성과를 이루어냈고, 아랍 국가들을 대표하는 도시로 인정받고 있다. 2022년 샤르자 도서박람회에는 전 세계 112개 이상 국가에서 2천 개가 넘는 출판사

가 참가했으며, 방문객 217만 명이 다녀갔다. 또한 623개의 행사가
진행되었다.

이 박람회에서는 문학가, 작가, 문화인, 출판업계 종사자들에게 수
상 기회를 제공해 그들의 노력을 격려하고자 한다. 아울러 최고의 아
랍 출판사에 매년 상을 수여하고 있다. 이런 점에서 샤르자 도서박람
회는 아랍, 걸프, 아랍에미리트 문화의 중요한 행사로 인정받고 있으
며, 그 성과와 성공은 세계적인 기준에 부합하는 롤모델이 되었다. 샤
르자 도서박람회는 아랍 국가뿐만 아니라 전 세계 차원에서 가장 중
요한 문화 행사 중 하나로 여겨지고 있다.

걸프 문화상의 순간

아랍의 출판시장, 그 안에서의 도서박람회, 그리고 문화 기관들, 그
중심에서 걸프의 존재감이 빛을 발하고 있다. 걸프의 문화적 영향력
은 문학과 문화, 지식의 무대에서 그 빛을 드러내며, 걸프 국가들의
문화 수준이 놀라운 속도로 세계적인 수준으로 발전하고 있음을 보여
준다. 걸프 지역에서 수여하는 상들은 도서 판매량을 높이고, 아랍 소
설 출판을 촉진하는 역할을 하고 있다. 그 결과 세계의 독자들에게 걸
프의 영향력이 닿고 있다.

또한 걸프의 여러 상은 아랍 문화 역사상 처음으로 최고의 도서 판

매 기록을 세우는 데 기여했다. 그리고 유명한 문학가, 소설가, 시인들을 발굴해 그들을 아랍 예술의 스타로 선정하는 데 성공했다. 그들 중 일부는 상당한 부를 축적하기도 했다. 걸프 지역에서 수여되는 이런 상은 찬반양론의 다양한 문화적 의견을 모으는 장이 되었다. 이는 바로 걸프의 부상하는 힘과 영향력이 한데 모여 이루어진 결과다. 이런 상은 걸프의 자부심과 아랍인으로서의 정체성에 대한 소속감에 뿌리를 두고 있다.

문화와 문학상은 걸프 지역의 문화운동에서 중추적인 역할을 차지하고 있다. 이런 문화와 문학 관련 상들의 수와 그 가치는 해마다 증가하는 추세다. 2016년에만 아랍 세계에서는 총 18개의 아랍 국가에서 160개의 문화 및 문학상이 수여되었다. 그러나 이 중에서도 가장 많은 비중을 차지한 것은 6개의 걸프 국가들이 수여한 상이었으며, 이는 총 상의 수 중 68%에 해당하는 108개에 달했다. 특히 아랍에미리트는 총 아랍 상 개수의 35%인 55개의 상을 수여했다.

이집트, 시리아, 이라크, 레바논, 알제리, 튀니지 등의 다른 아랍 국가들도 문화, 문학, 사상 상을 평가하고 장려하는 데 앞장서 왔다. 하지만 이들 나머지 아랍 국가들의 상 수여 기여도는 총 아랍 상의 3분의 1 이하에 불과했다. 이집트는 19개의 상을, 사우디아라비아는 29개의 상을 수여했다. 아랍에미리트는 가장 많은 상을 수여하는 국가로, 다른 12개 아랍 국가에서 수여되는 상의 개수를 넘어섰다. 이렇게 아랍에미리트와 걸프 지역 도시들은 매년 문화 및 문학상을 수여하는 시즌이 될 때마다 아랍 창작자들이 반드시 방문해야 하는 명소로 자리매김했다.

쿠웨이트는 지식과 문화상 창설, 걸프 도서박람회 설립에 앞장섰다. 그중에서도 특히 주목해야 할 것은 쿠웨이트 과학발전협회상이다. 이 상은 다양한 지식 분야에서 활동하는 학자들에게 높은 금전적·도덕적 가치를 인정해준다. 압둘아지즈 바비틴 상은 2년에 한 번, 창조적인 시를 지은 사람에게 13만5천 달러의 상금을 수여한다. 그 밖에도 창의적인 사상가와 문학인들을 겨냥한 사바흐상이 1988년부터 계속해서 수여되고 있다.

사우디아라비아 역시 시상 부문에서 주목할 만한 역할을 수행하고 있다. 사우디아라비아는 킹파이살상을 1977년에 설립했고, 이를 통해 다양한 분야에서 우수성을 인정받는 개인들에게 상을 수여하며 세계적인 명성을 얻었다. 사우디아라비아는 상을 시상하는 횟수 면에서 두 번째로 많은 성과를 보여주고 있다. 킹파이살상은 이슬람 서비스, 이슬람 연구, 아랍어, 문학, 의학, 과학이라는 다섯 분야에서 290개의 상을 시상한다. 특히 이 상을 수상한 이들 중에는 노벨상 수상자도 포함되어 있다.

오만 술탄 카부스의 문화·문학·예술상은 2011년부터 시작해 매 2년마다 26만 달러의 상금을 수여하는 상으로 주목할 만하다. 이 상은 한 해는 오만 사람들에게만 수여하고, 그리고 그 다음해에는 오만인뿐만 아니라 모든 아랍 사람들에게도 동등한 기회를 제공하는 것이 특징이다.

최근에는 카타르가 아랍 소설 카타라상을 마련함으로써 걸프 지역의 문화와 문학, 지식 부문의 경쟁에 합류했다. 카타르는 이 상에서 5개의 분야에 상을 수여한다. 이 중에서 카타라 예언자 상은 연간 140만 달러의 상금을 수여하는 것으로 아랍 국가들 중에서 가장 큰 규모의 상이다. 카타라 예언자 상은 이미 출판된 소설, 아직 출판되지 않은 소설, 소설의 비평가, 그리고 드라마로 변경 가능한 출판된 소설에 수여된다. 이런 상을 수여함으로써 아랍 소설과 문학의 위상을 높이고자 한다.

오랜 역사를 가진 상들을 포함해 최근에 생긴 상까지 모두 중요하며 이 덕분에 걸프 국가들이 아랍 문화의 중심에 서게 된 것이다. 아랍에미리트는 문화, 문학, 예술, 지식의 다양한 분야에서 상을 수여함으로써 규모와 다양성, 그리고 우수성에서 독보적인 위치를 차지하고 있다. 특히 샤르자는 시, 창작, 학문, 비평, 연극, 그리고 아랍 문화유산 등의 분야에서 7개의 상을 수여함으로써 문화 발전에 중요한 역할을 하고 있다.

아랍에미리트는 1987년에 시작한 술탄 빈 알리 오아위스 상을 통해 2년마다 총 4개 분야에서 아랍 창작자들에게 상을 수여한다. 이 상은 시, 소설, 연극, 문학 연구, 비평 연구, 그리고 인문학과 미래 연구 등의 다양한 분야에서 창작활동을 이어가는 이들에게 12만 달러의 상금을 수여한다.

아랍에미리트는 또한 2006년부터 셰이크 자이드 작가상을 수여하고 있다. 이 상은 셰이크 자이드 빈 술탄 알 나흐얀의 업적을 기리며, 그가 아랍 인류와 국가 건설, 개발 통합에 기여한 노력을 영원히 기억하기 위한 것이다. 이 상은 매년 개발, 국가 건설, 어린이 문학, 청년 작가, 번역, 문학, 예술 등 9개의 분야에서 중요한 업적을 달성한 아랍 문인, 사상가, 출판사, 청년들에게 수여된다. 이처럼 아랍에미리트는 문화 분야에서 가장 뛰어난 이들과 출판 유통 분야에서 독보적인 성과를 보여주는 이들에게 16만 달러 가치의 상을 수여함으로써 그들의 노력을 인정하고 있다.

아랍에미리트가 2008년부터 시작한 아랍 소설 부커상(국제아랍소설상)은 단 10년이 지나지 않아 가장 영향력 있는 문학상 중 하나로 자리매김했다. 이 상은 언론과 대중의 큰 관심을 받으며 이름을 널리 알렸다. 실제로 수상 발표를 앞두고 발표되는 후보작들로 화제가 되는 이런 상은 이전에 볼 수 없었던 현상이다. 지난 몇 년 동안 200개 후보 목록 중에서도 뛰어난 16편의 소설이 선정된 적도 있었다. 후보로 선정된 책의 수가 6권으로 가장 적었던 해조차 화제의 중심이었다.

이 상의 화제성은 최고조에 이르렀으며, 수상자 발표는 그해 아랍 소설의 '왕'이 등장하는 순간이라고 말할 수 있다. 수상자는 유명인사가 되며, 이로써 부커상에 대한 사상적 논의, 수상작의 우수성, 수상 위원회의 선택 기준, 수상자의 국적과 이름, 상의 목표, 영국 부커상과의 연관성, 신세계 문화와 문학, 그리고 소설 운동 등이 다양한 이슈로 떠오른다.

이런 상을 통해 아랍에미리트는 이 분야에서 점점 더 뚜렷한 존재감을 키워가고 있으며, 아랍 소설은 새로운 시대를 맞이했다. 이 시대는 '책의 시대'로 불리며, 다수의 책이 출판되어 판매되고 있다. 상을 수상한 책들은 베스트셀러가 되어 수만 부, 때로는 수백만 부가 출판되는 등 책 판매지수에서 기록적인 성적을 보이고 있다. 또한 이들은 여러 언어로 번역되고 노벨상을 받을 수 있는 새로운 가능성을 여는 등 아랍 소설의 세계적인 위상을 높이는 데 기여하고 있다.

아랍 소설의 역사는 '부커상 이전'과 '부커상 이후'로 나뉠 수 있을 정도로 아랍에미리트에서 시작된 이 부커상은 아랍 소설가들에게 다른 그 어떤 문화상도 제공하지 못하는 기회를 제공해주고 있다. 이런 부커상이 지닌 정신적 가치는 부커상의 물질적·금전적 가치에 버금갈 정도다. 따라서 부커상에 대한 관심과 논의는 열렬하게 이루어지고 있다.

걸프 소설의 순간

아랍 소설 부커상의 등장은 아랍 문화와 지식의 중심이 걸프 지역으로 옮겨가고 있다는 것을 분명하게 보여준다. 이전에는 주요 아랍 상들 대부분이 다른 아랍 대도시들에서 수여되었다. 부커상은 지난 10

년 동안 걸프 지역의 소설이 엄청난 발전을 이루었다는 것을 보여주는 증거다.

사우디아라비아와 걸프 지역의 소설들은 이전에 볼 수 없었던 발전을 보여주고 있다. 수상한 걸프 작품들은 소설의 수준, 이야기 전개, 언어 및 기술적인 면에서 다른 아랍 소설들을 능가한다는 평가를 받았다. 걸프 청년들이 쓴 소설은 아랍 소설 대가들의 작품에도 절대로 뒤처지지 않는다. 지난 5년 동안 이들 청년은 1천여 편의 소설을 쓴 것으로 알려져 있으며, 연간 200권의 책을 출판하는 것과 같다. 전통적으로 소설 출판이 활발한 마그레브 지역의 국가에서 출판되는 소설의 수와도 견줄 만하다는 것을 보여준다.

20년 전만 해도 걸프 지역의 소설은 현재 같은 존재감을 가지지 못했다. 압둘 라흐만 무니프는 사우디아라비아의 천재적인 소설가로서, 20세기 후반의 아랍 소설가 중 가장 뛰어난 작가 중 한 명이었다. 그는 5부작 《소금의 도시》의 저자로, 1984년부터 1989년 사이에 총 9권의 소설을 썼다.

걸프 지역의 소설은 내용 면에서도 상당한 발전을 보여주었다. 부커상 총 16회기 동안 걸프 지역에서 출간된 소설 4권이 부커상을 수상했다. 그중 3권은 사우디아라비아 소설로, 사우디아라비아는 이를 통해 가장 많은 부커상을 수상한 국가가 되었다. 이와 달리 이집트의 소설은 16회에 이르는 부커상 중 두 번만 수상했다. 사우디아라비아에서 출간된 유명한 소설들은 이집트 작품보다 경쟁력이 높았다.

아랍과 걸프 지역의 소설 출판은 상당한 진전을 보여주고 있으며, 이라크의 최고 작품과도 자신감 있게 경쟁할 수 있었다. 아랍 세계에서는 튀니지, 모로코, 레바논, 팔레스타인 등 다양한 국가들의 소설가들을 발견할 수 있다. 또한 걸프 지역의 유명한 소설들은 아랍 소설을 능가했다.

특히 사우디아라비아의 젊은 여성 작가 라자 사나으의 《리야드 소녀들의 이야기》는 2년 동안 50만 권 이상 팔렸다. 이 책은 많은 논란을 불러일으켰지만, 작가는 큰 명성을 얻었다. 이 작품은 바로 아랍 대작가들이 꿈꾸었던 것이었으며, 사우디아라비아 여성의 다양한 삶의 모습을 세상에 보여주었다. 이 소설은 사우디아라비아 여성이 닫힌 문 뒤에서 어떻게 살아가고 있는지 자세히 보여주었고, 사우디아라비아와 걸프 지역의 문학 흐름에 변화를 가져왔다.

여러 차례 논란에 휩싸였던 소설 《리야드 소녀들의 이야기》가 부커상을 획득하지 못했던 것에 비해 2010년에는 사우디아라비아 소설가인 압도 칼이, 그리고 다음해인 2011년에는 《비둘기 목걸이》라는 작품을 통해 라자 알림이 각각 상을 받아 화제가 되었다. 특히 알림은 아랍 여성 작가 중에서 유일하게 이 명예를 누린 사람이었다. 2013년에는 쿠웨이트 출신 소설가 사우드 알 사누시가 《대나무가 자라는 땅》이라는 작품으로 이어받았고, 2017년에는 《작은 죽음》을 펴낸 사우디아라비아 소설가 무함마드 하산 알완이 부커상을 받았다. 하산은 그의 세대에서 걸프 지역의 저력을 보여준 대표적인 인물로 평가받고 있다.

《작은 죽음》은 19개 아랍 국가의 총 186편의 작품 중에 사하르 칼리파가 대표로 있는 위원회에 의해 선정되었다. 이 작품은 여러 세계 문학상을 받을 뿐만 아니라 이탈리아어로 번역되어 알베르토 모라비아 상을, 스페인어로 번역되어 세르반테스상을 받았으며, 프랑스 프리드라 상도 수상했다. 무함마드 하산 알완은 《작은 죽음》이라는 작품으로 인정받았고, 40세 이하의 뛰어난 아랍 소설가 39명이 모인 '바이루트 39' 앤솔로지에 그의 이름이 올라갔다.

16회기 동안 부커상은 19개의 아랍 국가에서 242편의 소설에 돌아 갔다. 걸프와 사우디아라비아 소설은 질적·양적 측면에서 모두 주목을 받았다. 특히 걸프 지역의 여성 문학과 청년 문학가들의 활약이 두드러졌다. 이들의 활동은 걸프 문학의 밝은 미래를 예고하는 것으로 해석할 수 있다.

압도 칼, 라자 알람, 사우드 알 사누시, 무함마드 하산 알완 등이 수상한 것은 걸프 소설의 엄청난 발전을 보여주며, 창작 소설을 쓸 수 있는 걸프 지역의 능력과 경쟁력을 입증하는 사례다. 이들의 성과는 걸프 소설이 문학 분야에서 몇십 년 전에 앞섰던 아랍 도시들에 종속되고 뒤따랐던 단계를 뛰어넘은 것임을 입증하고 있다. 그리고 이 흐름은 앞으로도 계속될 것이다.

아랍 소설은 이제 세계적인 수준을 향해 나아가고 있다. 이는 그 자체로 아랍 현대문학을 대표하는 사례다. 오랫동안 걸프의 소설은 부재했지만, 이제는 걸프 소설이 부커상을 수상하고 다른 아랍 국가들이 출간한 소설들과 견줘도 손색없는 경쟁자로 자리매김하고 있다. 이는 걸프 지역의 문화, 창조, 지식의 경쟁력이 성숙하고 있음을 보여주며, 이런 문화와 지식 세계에서 걸프의 문인들이 중요한 역할을 하고 있다는 것을 뜻한다.

걸프 지식사회의 순간

소설 분야에서의 활기 넘치는 부흥을 통해 걸프 지역의 문화가 창작 분야에서 새로운 전진을 이루고 있다는 사실을 확인할 수 있다. 이는 지식, 교육, 연구의 발전이 이루어진 대학의 힘 덕분이다. 이런 발전은 21세기에 걸프 지역이 지식 기반 사회로 진입하는 데 큰 역할을 했다. 지금 걸프 지역의 대학들은 아랍 지역에서 선도적인 역할을 하고 있으며, 학문과 지식의 순위에서 높은 위치를 차지하고 있다. 이들 대학은 여타 아랍 지역의 명문 대학들을 앞지르고 있다. 2023년 사우디아라비아의 킹 압둘아지즈 대학교는 아랍 대학들 중 1위를 차지했고, 뒤이어 카타르대학교, 사우디아라비아 킹파흐드 석유광물대학교, 사우디아라비아 킹사우드 대학교가 2, 3, 4위를 차지했다.

또한 아랍에미리트 알아인에 위치한 아랍에미리트대학교와 아부다비에 위치한 칼리파대학교가 각각 6위와 7위를 차지했으며, 이어서 오만의 술탄 카부스 대학교가 뒤따랐다. 그 다음으로는 샤르자 아메리칸 대학교가 9위에, 요르단대학교가 10위에 이름을 올렸다. 이런 순위는 걸프 지역의 교육 및 지식의 발전을 보여주는 증거라고 할 수 있다. 2023년의 보고서에 따르면 걸프 대학교 13개가 우수 아랍 대학교 20위 순위 안에 이름을 올렸으며, 그중 3개의 사우디아라비아 대학교는 상위 5개 아랍 대학교 명단에 속해 있었다.

또한 현대 걸프 연구기관들은 중동 현대 연구의 탁월한 기관으로 인정받고 있다. 2013년에 설립된 아랍에미리트의 정책연구소는 아랍에미리트 역사상 여성이 설립하고 운영하는 첫 연구소로, 3년 동안 세계 현대 연구기관 순위 중 9위를 유지했다. 걸프의 연구기관들은 지난 5년 동안 꾸준히 중동과 북아프리카 지역의 상위 10대 연구기관에 이름을 올렸다. 이들 기관은 세계 150개의 선도 연구기관 중 한 곳이기도 하다. 2022년 세계지식재산기구 보고서에서는 걸프 국가들, 특히 아랍에미리트가 2011년 이후 이 분야에서 다른 나라를 앞서는 것으로 나타났다. 2022년 아랍에미리트는 아랍 국가들 중에서 1위를 차지했고, 세계 132개 국가 중에서는 31위를 차지했다.

더욱이 사우디아라비아는 아랍 국가들 중에서 개인 및 기업이 등록한 특허 수에서 앞서는 것으로 나타났다. 2022년에는 3,979개의 특허를 등록했으며, 이어 모로코, 아랍에미리트, 이집트, 알제리, 카타르, 요르단이 뒤를 이었다. 이런 성과는 걸프 지역의 지식 기반 운동이 그동안 인정받지 못했던 점을 상쇄하는 중요한 증거가 되었다.

이외에도 걸프 국가들은 오랜 시간 동안 과학 분야를 선도해온 아랍 국가들을 뛰어넘어 과학 출판 분야에서 주도적인 역할을 하고 있다. 세계적인 학술 저널 출판 플랫폼인 스코퍼스의 보고서에 따르면 사우디아라비아가 과학 연구 보고서의 총 출판 수에서 앞서고 있으며, 아랍에미리트가 뒤를 이어가고 있다.

이처럼 걸프의 연구기관과 대학들이 발전하고, 과학 출판 분야에서 걸프 국가들이 성장하는 것은 인적 자본에 대한 투자와 집중 덕분이라 할 수 있다. 걸프 국가들은 인적 자원의 발전에 집중하고, 국가 자원으로서의 교육을 강화하며, 선진국 수준의 인프라 현대화를 추구하고 있다. 또한 지속적인 법적 지원을 통해 경제 개혁을 이루고, 지식 기술의 새로운 성과를 적극적으로 활용하고 있다. 이 모든 성과는 지난 10년간의 변화를 통해 이루어진 것이다. 여러 아랍 국가들 가운데 걸프 국가들은 지식 기반 산업과 경제에 대한 준비를 적극적으로 추진해왔다. 이미 국가 간의 세계 지식 및 기술 경쟁은 치열해지는 상황이었다.

걸프의 지식사회는 이렇게 변화하고 있다. 창의적인 개인들로 이루어진 이 사회는 자유롭고, 관대하며, 높은 수준의 생활을 즐기고 있다. 빠르게 변화하는 지식과 현대 기술에 어떻게 적응해야 하는지를 가르쳐주는 기관들 또한 존재한다. 이런 지식사회는 대부분의 걸프 국가들에서 형성 중이다. 세계은행과 유네스코의 지식 평가 기관이 발행하는 지식경제사회 보고서를 통해 이를 확인할 수 있다. 이런 보고서들은 걸프 국가들이 지식경제에 얼마나 잘 준비되어 있는지를 보여준다. 이 보고서들은 걸프 국가들의 지식경제에 대한 준비 상황을 측정하고 평가하고 있다.

지식경제 준비도를 측정할 수 있는 세계은행이 발행하는 2021년 세계 지식 인덱스에 의하면 아랍 국가들 가운데 아랍에미리트가 가장 우수한 준비 상태를 보였으며, 그 뒤로 카타르, 사우디아라비아, 쿠웨이트, 오만, 바레인, 튀니지, 모로코 순서였다. 특히 아랍에미리트는 전 세계 127개국 중 25위를 차지해 지식사회로의 전환 준비를 이끌어가고 있다.

세계은행의 2010년 보고서에 따르면 아랍 국가들의 지식경제 준비 수준은 크게 세 그룹으로 분류될 수 있었다. 첫 번째 그룹은 지식경제에 잘 준비된 국가들로, 이 그룹에는 아랍 국가 9개 중 걸프 국가 6개가 포함되었다. 이들은 아랍에미리트, 쿠웨이트, 바레인, 카타르, 사우디아라비아, 오만이며, 이외에도 요르단, 레바논, 튀니지가 포함되어 있다. 두 번째 그룹은 지식경제에 대한 준비 상태가 중간인 국가들로 이집트, 모로코, 알제리, 리비아, 시리아, 이라크, 팔레스타인 등 7개 아랍 국가가 이에 속해 있다. 마지막으로, 지식경제 준비 상태가 상대적으로 낮은 세 번째 그룹에는 모리타니아, 수단, 예멘, 지부티, 소말리아 등이 포함되어 있다.

아랍 국가들과 걸프 국가들 사이에서 지식과 기술 분야의 차이는 상당히 크게 나타나며, 이는 지식사회로 전환하기 위한 핵심적인 요소로 간주된다. 지식과 기술은 현대 세계에서 지식과 통신 혁명의 핵심적인 부분을 차지하고 있다. 그럼에도 불구하고 대부분의 아랍 국가들은 정보기술 분야의 인프라 발전에 큰 진전을 보였다. 아랍 지역은 지난 10년 동안 기술적 성과에서 눈에 띄는 발전을 이룩했으며, 이런 성과는 2016년 정보기술 시대에 대비한 국가 보고서에서도 확인할 수 있다.

특히 이런 기술적 진전의 대부분은 걸프 지역에서 이루어졌다. 정보기술에 대비한 국가 명단에서 아랍에미리트는 아랍 국가들 중에서 1위를 차지했으며, 전 세계적으로는 26위를 차지했다. 카타르 역시 세계에서 27위를 차지해 스페인과 이탈리아를 앞섰다. 또한 주목할 만한 점은 아랍에미리트와 일부 걸프 국가들이 기술 발전과 정보화 시대에 대비한 국가들 중에서 브릭스(브라질, 러시아, 인도, 중국, 남아프리카공화국) 국가들의 성과보다 우수하며, 경제 발전국인 러시아 등과 같은 국가들보다 더 뛰어나다는 것이다. 러시아는 세계에서 41위, 중국은 59위, 남아프리카공화국은 65위, 브라질은 72위, 인도는 91위를 차지했다.

걸프 지역의 소규모 국가들이 유럽의 발전된 국가들을 앞서는 성과를 이루며 아랍 국가들의 뛰어난 성과로 인정받았다. 아랍 국가들의 지식과 학문적 성과는 아랍에미리트에만 국한되지 않는다. 5개의 아랍 국가가 정보기술에 가장 잘 대비한 국가로 선정되었는데, 아랍에미리트가 26위, 카타르가 27위, 바레인이 30위, 사우디아라비아가 35

위, 그리고 오만이 42위를 차지했다. 그 밖의 다른 10개의 아랍 국가들도 정보기술에 잘 대비했다는 평가를 받았으며, 요르단은 52위, 쿠웨이트는 72위, 모로코는 78위, 튀니지는 81위, 이집트는 94위를 기록했다.

결국 아랍의 창조적 노력과 지식적 성과가 이라크, 시리아, 팔레스타인, 레바논, 리비아, 이집트, 예멘, 수단 등에서의 침략과 갈등으로 인해 파괴되고 퇴보하는 가운데 걸프 국가들에서는 지식과 창조, 그리고 문화의 새로운 시대가 시작되고 있다. 걸프 국가들은 아랍의 재건을 이끌 수 있으며, 이는 아랍의 새로운 계몽운동으로서 아랍의 다음 세대들에게 기억될 것이다. 차세대들은 걸프 국가들이 아랍 전체의 지식수준을 높이고 지식사회 건설에 기여했다는 사실을 기억할 것이다. 이런 걸프 국가들의 성과는 아랍 전역으로 확산되는 언론과 방송을 통해 널리 인식될 것이다.

6장

시각 및 인쇄 미디어의 역할

아랍의 문화, 창조성, 지식의 중심이 걸프 지역으로 이동하고 있다는 사실에 의구심을 가질 사람도 있을 것이다. 하지만 지금이 바로 걸프 언론의 순간이라는 데는 의문을 가지기는 어려울 것이다. 아랍 방송의 주도권을 가진 걸프 지역의 언론사와 플랫폼들은 아랍인들의 흥미를 유발하고 아랍인들을 유머감각이 뛰어난 사람들로 만들고 있다. 이제 아랍 언론의 중심은 카이로, 베이루트 같은 전통적인 도시들에서 두바이, 아부다비, 도하와 같은 걸프 도시들로 옮겨 갔다.

지난 1960~1970년대에는 아랍 언론이 주로 베이루트와 카이로에서 중추적인 역할을 수행했으나 지금은 걸프 지역이 아랍 세계의 주요 언론, 채널, 그리고 일간신문과 주간 잡지를 보유하고 있다. 《앗샤르크 알 아우사트》, 《알하야트》와 같은 신문들은 아랍 일간신문들 중에서 주요한 위치를 차지하고 있는 반면에 《알아흐람》, 《안나하르》, 《앗사피르》 등의 신문들은 이제 더 이상 최고의 매출을 기록하지 않는다. 알자지라, 알아라비야, 스카이뉴스 같은 채널들이 카타르와 두바이, 아부다비에서 방송되며 가장 많은 시청자를 보유한 뉴스 채널로 성장했다.

　카타르가 소유한 스포츠 채널 중 하나인 베인 스포츠는 20개 아랍 국가에서 열리는 다양한 스포츠 경기, 클럽, 대회를 송출하는 권리를 가지고 있다. 걸프 지역의 언론 대부라 할 수 있는 MBC 방송국은 두바이를 기반으로 아랍 시청자들의 선호에 맞춘 시트콤과 드라마를 방송하고 있다. 음악 채널인 로타나는 바레인에 위치하며, 여기서 유명 스타와 가수들이 데뷔하고 있다. 더불어 걸프 지역에서는 10개 이상의 개인 채널과 홈페이지가 소셜네트워크를 통해 운영되고 있다. 이는 걸프 지역에서 탄생한 독창적인 아이디어와 혁신의 결과이며, 청년 중심의 디지털 혁명은 대부분 걸프 지역에서 시작되었다.

　매달 쿠웨이트에서 발행하는 《알아라비》지는 60년 이상 아랍 지역에서 가장 많이 구독되는 잡지로 자리매김해왔다. 아부다비에서 발간되는 내셔널 지오그래픽 채널과 잡지는 아랍 지역에서 가장 유명한 다큐멘터리 채널과 잡지로 알려져 있다. 또한 두바이에서 발행하는 《사이다티》지는 여성, 가족, 패션에 대한 내용을 다루는 것으로, 중동 지역에서 가장 인기 있는 여성 잡지 중 하나이며, 인터넷에서 가장 많이 검색되는 아랍 여성 잡지 중 하나로도 알려져 있다.

　1999년 설립된 두바이 언론상은 아랍 언론업계에서 가장 유명한 상 중 하나다. 두바이 언론클럽은 아랍 언론인들에게 가장 거대한 연례행사로 알려져 있다. 두바이는 아랍 지역 및 세계에서 가장 큰 언론 기관의 중심지로 성장하며 언론의 수도로 인정받고 있다. 두바이의 언론산업은 꾸준한 성과를 이루며 독보적인 위치를 확보하고 있다. 이는 바로 아랍인들의 의식 속에서 빛나는 걸프 언론의 순간을 대변하는 것이다. 이제는 이집트와 레바논의 시대가 지나갔고, 아랍 언론은 이미 20년 전부터 걸프의 시대를 맞이하고 있다.

걸프 미디어의 순간

이집트와 레바논의 언론은 황금시대를 지나며 반세기 이상 동안 아랍 여론의 형성에 결정적인 역할을 수행했다. 1828년부터, 즉 195년 전부터 이집트의 언론사들은 다양한 신문을 발행해왔다. 《알아흐람》은 그 존재감과 영향력으로 아랍과 이집트에서 롤모델 위치를 확고히 해왔다. 《알아흐람》은 1875년에 설립되어 이집트에서 가장 중요한 언론 매체가 되었으며, 지금도 제1의 언론으로서 꾸준히 신문을 발행하고 있다. 이집트의 신문과 언론은 일반적으로 아랍의 목소리를 대변하는 미디어로 알려져 있다. 이 언론들은 아랍 대중의 의견을 반영하고, 아랍의 결정에 영향을 미치며, 아랍 거리의 여론을 걸프 지역부터 마그레브 지역까지 전파했다. 특히 가말 압델 나세르 시대 동안에는 이런 역할이 두드러졌다. 그러나 1967년 6일 전쟁으로 인한 재앙(나크바)* 이후 나세르의 쇠퇴와 함께 이집트 언론의 영향력은 점차 줄어들었다.

나세르 시대의 이집트 언론이 쇠퇴하자 레바논의 언론이 이집트 언론의 그늘 안에서 새로운 지평선 위로 떠오르기 시작했다. 베이루트는 레반트 지역에서 문화의 수도로서 이집트를 능가하는 최고 수준의 언론 중심지로 떠올랐으며, 이는 레바논 사회의 다양성에 힘입은 결과였다. 여전히 레바논은 아랍 국가들 중에서 가장 높은 수준의 언론 자유를 유지하고 있었기 때문에 이런 부상이 가능했다. 레바논 대다수의 신문사와 언론사 창설자들은 이집트에서 교육을 받았으며, 그중에는 지브란 투에니, 사이드 프레이하, 살림 라우지 등이 있었다. 이들은 아랍 언론의 혁명을 이끌어냈다. 30년 동안 레바논 언론은 아랍 언론의 세계에서 절대적인 지도력을 발휘했으며, 그 존재감과 영향력이 크게 나타났다.

레바논은 이집트와 마찬가지로 언론과 신문 방송인을 양성하는 학교와 연결망 역할을 했으며, 언론은 엘리트나 대중들에게 영향력을 행사하고 중요한 아랍 민족의 결정에도 그 영향력을 발휘했다. 하지만 개인 출판업자들이 레바논 언론을 지배했고, 언론사 창설자들이 흩어져 언론업계를 떠나야만 했다. 《안나하르》와 《앗사피르》는 수익과 광고의 감소, 가족 갈등, 종파 갈등, 창설자 부재 등의 이유로 신문

나크바 아랍어로 '대재앙'을 의미한다. 이 용어는 주로 1948년 이스라엘 건국 선포 후, 그 지역에 거주하던 팔레스타인 주민들이 영토를 상실하고, 고향을 떠나게 되어 발생한 팔레스타인 난민의 고통을 의미할 때 사용되고 있다.

발행을 중단했으며, 이로 인한 손해는 보상받지 못했다. 《안나하르》는 아랍 언론에서 가장 많은 문화 지면을 발행했으며, 상징적인 문화적 저항가, 대작가들, 비평가들, 문학가들, 사상가들을 잘 끌어 모았다. 《안나하르》의 문화 지면은 또한 정치적 보도에 큰 영향을 주었다. 그러나 《안나하르》의 발간이 중단된 이후 레바논 언론 전체가 내리막길을 걸어야 했다.

첫 창간 후 45년 동안 신문을 발간했던 《앗사피르》의 발행 중단은 레바논과 아랍 세계에 큰 충격과 슬픔을 안겨주었다. 《앗사피르》의 발행 중단은 언론의 시대가, 그리고 아랍 민족주의의 시대가 끝났음을 의미했기에 아랍 대중들은 더 슬픔에 잠길 수밖에 없었다. 나세르의 노선을 표방하던 《앗사피르》는 레바논에서 탄생한 신문이었으나, 아랍 국가의 목소리를 대변하는 언론 매체로서 출발했다. '목소리를 낼 수 없는 사람들의 목소리' 라는 슬로건으로 시작해 저항의 목소리를 대변했으나 언론의 방향성에 대한 저항은 사라지고 언론의 역할과 모습도 그 빛을 잃어갔다.

《앗사피르》는 아랍 이슈의 우선순위로 팔레스타인의 해방과 시오니즘에 대한 저항, 그리고 이스라엘 · 팔레스타인 관계 회복 문제에 저항적인 태도를 선택했다. 이 신문사의 문을 닫는 결정은 레바논에서 민족 저항의 시대가 종료되었음을 상징했다. 《앗사피르》의 발행 중단은 그 이유가 무엇이든 레바논이 언론, 문화, 예술, 창작 분야에서 입지가 축소되었음을 의미한다. 1974년에 설립된 《앗사피르》는 2016

년 신문사 문을 닫았다. 설립자이자 편집국장인 탈랄 살만은 다음과 같은 말로 《앗사피르》의 발행 중단을 알렸다.

"《앗사피르》가 가장 열망했던 것은 몇 년 동안 중요한 전투에서 우리 움마의 영광스러운 군사 중 한 명으로 기억되는 것이었다."

이 말은 《앗사피르》가 투쟁의 언론 매체였음을 의미한다. 그러나 언론은 사회의 거울이며, 사회적인 고통을 함께 겪어야만 했다. 즉 사회, 경제, 정치적으로 좋지 않은 상황은 모두 언론에 영향을 주었고, 언론이 그 피해를 입을 수밖에 없었다.

오랫동안 레바논 언론은 그 역할을 충실히 수행했고, 이집트 언론은 나세르 시대를 지나면서 50년 동안 아랍 언론 문화 영역에 깊은 영향을 끼쳤다. 현재 언론의 흐름은 걸프 언론 플랫폼으로 확장되고 있다. 이에 따라 걸프 언론이 주도권을 쥐고 아랍 언론의 대표가 되었다. 걸프 언론은 걸프 국가들의 국가적 · 민족적 · 정치적 · 문화적 차원의 영향력에 힘입어 발전하고 있다. 이는 새로운 시대와 세기의 변화에 맞추고자 하는 노력으로 볼 수 있다. 대부분의 걸프 언론 플랫폼은 아랍 지역의 복잡한 위기 상황에서 시작해, 정치적 발전과 변화에 대한 요구에 부합하고, 지역 및 국가적으로 빠르게 변화하는 상황에서 얻어지는 이익에 부응하려는 목적으로 설립되었다.

걸프 언론은 걸프의 경제적 중요성, 정치적 영향력, 문화적 존재감, 사회적 영향력을 기반으로 성장하고 있다. 《앗샤르크 알아우사트》는 1978년 레바논 내전 발발 이후에 설립되었으며, 석유의 부상, 사우디아라비아 시대의 시작, 그리고 나세르의 연설을 대체할 새로운 무언가가 필요한 상황에서 탄생했다. 《앗샤르크 알아우사트》는 아랍 혁명의 시기에 불을 지피면서 등장했다.

MBC 방송은 1991년 제1차 걸프전쟁의 발발과 동시에 설립되었다. 이 방송은 쿠웨이트를 지원하면서 사담 후세인과는 등을 지고 아랍 대중의 지지를 얻기 위한 목적으로 시작되었다. 이는 미군이 이라크를 공격해 쿠웨이트를 해방하는 과정과 그 결과를 정치적 관점에서 보도하고자 했던 것이다. 동시에 오랜 역사를 가진 언론사인 알하야트는 레바논에서 사우디아라비아 왕자의 소유로 바뀌었다. 사우디아라비아와 걸프 국가들은 아랍 엘리트에게 이 지역에서 발생하는 이슈들에 대한 입장을 명확하게 전달하려 했다. 걸프 국가들은 아랍 방송에 대한 지배력을 강화하기 위해 다양하고 흥미로운 채널들을 개설했다. 아르트와 오르빗 같은 채널을 통해 공정한 정치적 방향과 현대적인 프로젝트에 대한 열정을 전달할 수 있었다. 이는 지난 세기에 강조되었던 팔레스타인의 해방, 아랍 통일, 그리고 아직 완성되지 않은 민족 혁명에 집중했던 메시지들과는 구별되는 성격을 가졌다.

1996년, 알자지라는 카타르에서 시작되었다. 이는 카타르가 역내 세력으로 부상하며 아랍 언론의 새로운 주역으로 등장한 사건이었다. 알자지라의 출현은 실시간 뉴스 보도의 새로운 시대를 열었다. 24시간 뉴스를 제공하며, 정치 분석과 논쟁을 다루는 토크쇼를 선보였다. 알자지라는 언론의 편견과 고정관념을 깨뜨리는 데 목표를 두었으며,

아랍 국가들뿐 아니라 해외 국가와 정당들의 정책 결정에 영향을 미쳤다. 이런 흐름 속에서 미국은 알후라 채널을, 영국은 BBC 아랍어 채널을, 러시아는 알야움 채널을, 프랑스는 프랑스24 채널을, 이란은 알알람과 알마야딘 마나르 채널을 개설했다. 이 모든 채널은 아랍 대중들에게 각각 고유한 메시지를 전달하는 데 그 목적을 두었다. 그러나 가장 주목받는 경쟁은 사우디아라비아에서 시작되었다. 사우디아라비아는 알자지라의 반항적인 노선에 맞서 알아라비아 채널을 만들었고, 이를 통해 정부에 저항하는 메시지를 양산하는 언론을 대체하고 새로운 관점을 전달하기 시작했다.

아랍 언론은 걸프 지역의 다양한 뉴스 플랫폼들 사이에서 전례 없는 수준의 경쟁을 보여주고 있다. 아부다비에서 창립된 스카이뉴스 채널의 등장은 이런 경쟁을 더욱 격렬하게 만들었다. 스카이뉴스는 아랍 언론 세계에 다양성과 풍성함을 더했다. 걸프 언론의 다원화는 아랍의 새로운 사상적·정치적 대립의 장을 만들어냈다. 자유주의적이고 시민주의적인 한 흐름과 알자지라의 편집 방향을 지배하는 정치 이슬람 사이에서 치열한 경쟁이 벌어지고 있다.

불안정한 아랍 세계에서 성향의 문제와는 별개로, 걸프 언론 플랫폼이 아랍 여론의 방향을 결정하고 있음은 명확하다. 아랍 여론의 다양성과 계몽적인 역할은 걸프 지역에서 생겨난 것이며, 이집트나 레바논에서 출발한 것이 아니다. 이것이 21세기 아랍 언론의 대표적인 모습이다. 지난 20년 동안 아랍 언론은 걸프 지역의 영향력으로 인해 걸프화되었다. 걸프 언론의 황금시대는 걸프 지역의 지도자들과 다른 이들의 노력을 통해 이루어졌다. 전통적인 방식 및 디지털 기술을 통해 시청각 장비를 구축하면서 언론의 황금시대를 맞이했다. 아랍의 봄을 거치면서 걸프 언론의 영향력은 더욱 확대되었다. 알자지라는 아랍 혁명을 보도하는 데 중점을 두고, 자신들을 대중의 채널로 선언했다. 이를 통해 아랍의 목소리를 세계에 전달하려 했다. 그러나 2011년 이후 알자지라의 부상에 위협을 느낀 걸프 언론들은 이런 전례 없는 구조적 변화를 막기 위해 노력했다.

걸프 미디어 왕자들의 순간

현대 걸프 언론은 아랍 언론의 주도권을 잡고 있으며, 이는 전통적인 공식 언론과는 다른 모습을 보인다. 대다수의 언론 기관, 뉴스 채널, 플랫폼, 신문, 잡지는 개인, 공기업 또는 주식회사가 소유하고 있다. 이는 걸프 지역의 민간 부문 성장에 큰 역할을 하고 있다. 언론의 소유권은 주로 걸프 기업인들이 갖고 있으며, 이들은 자본과 투자를 활용해 언론을 운영하고 광고를 통해 수익을 창출한다. 그러나 걸프 투자자들이 언론 분야로 진출하고자 한다면 공공 기관과의 협력 없이는 어려움을 겪는다. 걸프 정부의 지원과 보호는 항상 필요하다. 언론은 독립성을 가지고 있지만, 기본적으로 걸프 국가들의 입장과 정치적 성향을 반영할 수밖에 없다. 사실 통치자나 걸프 왕족보다는 대형 투자자나 사업가들이 언론을 이끄는 역할을 하는 경우가 많다. 걸프 왕족들은 주로 뒤에 숨어 있으며, 빛을 받기보다는 조용히 지내고 싶어한다. 이런 투자자들과 걸프 언론의 소유주 계층은 현대 아랍과 언론의 중요한 주역들이다.

걸프 언론의 소유주와 대표들은 광고와 언론, TV 시장으로의 진출을 통해 막대한 성과를 거두고 있다. 다양한 이데올로기적 논쟁과 정치적 이슈를 다루면서 이익 창출을 중점으로 삼고 있다. 그들의 주요 목표는 상업적 광고를 통해 6,600억 달러의 이익을 얻는 것이다. 2015년에는 아랍 국가들을 대상으로 한 광고 수익이 약 200억 달러에 달했는데, 그중 걸프 국가들의 비중이 30%였다. 사우디아라비아와 아랍에미리트는 상업적 광고 시장의 60%를 차지하고 있다. 서양 국가에서 언론 분야에 투자해 큰 성공을 거둔 투자자들과 사업가들을 본받아 아랍의 투자자들과 사업가들도 해당 분야에 진출했다. 미국의 CNN 창립자인 테드 터너, 자산 규모가 180억 달러인 오스트리아의 사업가 루퍼트 머독, 그리고 이탈리아 언론의 거물 실비오 베를루스코니는 언론을 통해 엄청난 부를 축적했으며, 베를루스코니는 이를 바탕으로 이탈리아 총리까지 되었다.

테드 터너, 루퍼트 머독, 블룸버그 및 기타 서양 언론 대부들의 성공은 걸프의 부자들에게 영감을 주었다. 그 결과 걸프의 부자들은 뉴스, 스포츠, 오락, 음악 등을 통합한 다양한 채널을 만들기 시작했다. 이런 채널들은 거리나 장소의 제약 없이 모든 아랍 가정에 도달할 수 있었다. 새로운 언론 소유주들은 새로운 정치 지도자들과도 긴밀한 관계를 유지하고 있으며 이는 걸프 언론의 성공 비결 중 하나다. 걸프 언론은 아랍 대중의 여론, 의식, 취향 형성에 큰 영향을 주었다. 이런 영향력은 정치 지도자들의 영향력보다 크다고 볼 수 있다. 걸프 언론 소유주들은 국가, 정부, 정치, 지리적 국경을 초월하는 거대한 제국을 소유하고 있다고 볼 수 있다. 이를 통해 3억5천만 아랍 대중과 걸프의 언론 채널, 방송, 플랫폼을 통한 소통이 가능해졌다.

걸프 언론 소유주들은 각자 독특한 역할과 영향력을 가지고 있다. 그중에서도 알 왈리드 빈 탈랄과 셰이크 왈리드 알 이브라힘은 가장 유명한 인물로 손꼽힌다. 왈리드 알 이브라힘은 MBC 그룹으로 알려진 방송국의 사장이자 설립자다. 그 외에도 알자지라와 경쟁하는 알 아라비야 채널도 소유하고 있다. 왈리드는 미국에서 대학 교육을 받았으며, 사우디아라비아의 사우드 왕가와도 가까운 친분을 가지고 있다. 그는 파흐드 빈 압둘아지즈 알 사우드 전 국왕의 네 번째 부인인 알 자우하라 빈트 이브라힘과 남매 사이다. 그의 할아버지는 아시르 지역의 주지사였던 칼리드 빈 이브라힘 빈 압둘아지즈 빈 알 이브라힘이며, 그의 아버지는 메카 지역의 부주지사였다.

MBC는 걸프 언론 소유주들의 혈연관계 덕분에 다른 방송사들이 가질 수 없었던 상당한 소유권을 확보했다. MBC는 특히 인기 있는 드라마와 문화 프로그램에 집중했다. 그러나 MBC는 단순한 드라마 채널을 넘어 왈리드의 현대적 프로젝트 중 하나로서 알카에다, 극단주의, 종교적 극단주의, 보수적인 전통 관습에 대항했다. 왈리드는 특히 청년들과 여성들에게 집중했으며, 이들을 보수적인 관습으로부터 해방시키기 위해 노력했다. 그는 사우디아라비아를 포함한 아랍 사회에서 현대화 운동을 주도했다. 이런 노력으로 인해 왈리드는 보수적인 세력으로부터 압박과 비난을 받기도 했으며, 때로는 스튜디오나 채널이 폭발 위협을 받기도 했다. 걸프나 사우디아라비아의 보호가 없었다면 언론의 왕자로서의 활동을 계속하기 어려웠을 것이다.

알 왈리드 빈 탈랄 왕자는 200억 달러에 이르는 엄청난 투자를 통해 다양한 채널, 플랫폼, 언론 대기업을 설립함으로써 개혁과 계몽의 역할을 추진했다. 알 왈리드 빈 탈랄은 걸프 언론의 주요 인물로, 아버지는 왕자이며 할아버지는 사우디아라비아 건국의 왕이었다. 또한 그의 어머니는 레바논 총리의 딸이었다. 그로 인해 그는 왕실의 혈통을 이어받았고, 그의 이름에는 왕자를 뜻하는 공식 칭호인 '사히브 수무'가 붙었다. 그의 아버지인 탈랄 빈 압둘아지즈는 언론 자유화 운동을 주도했으며, 사우디아라비아에 국회와 헌법 통치기관을 설립하도록 요구했다. 그러나 알 왈리드 빈 탈랄 왕자를 뛰어나게 만든 것은 그의 단순한 성과들뿐만 아니었다. 그는 아버지와 마찬가지로 개혁과 진보적인 정책을 추구했으며, 최근에는 모든 재산을 인류를 위한 자선단체에 기부하기로 결정했다.

알 왈리드 빈 탈랄 왕자는 국내외의 금융 분야에 대한 광범위한 투자를 통해 명성을 얻은 후에 언론 분야로 확장했다. 그는 또한 호텔, 엔터테인먼트, 관광 산업에도 대규모 투자를 진행해 세계적인 주목을 받았다. 그는 미국 최대 은행에 투자함으로써 파산 직전의 위기를 회피할 수 있었다. 왈리드 왕자는 빠르게 국내외 언론 시장으로 진출했고, 세계 언론의 거물인 루퍼트 머독과 합작을 통해 세계와 아랍 언론을 연결하는 역할을 수행했다. 1994년에는 애틀랜틱 텔레비전의 주식 30%를 2억4천만 달러에 인수했고, 1995년에는 유로 디즈니 회사의 지분 25%를 매입했다. 또한 아랍 음악 기업 중에서 가장 큰 회사인 로타나의 지분 25%, 실키통신사의 지분 50%를 인수했다.

1997년에는 애플 컴퓨터사에 투자했고, 뉴스 코퍼레이션의 지분을 5%까지 늘려 총자산을 4억 달러로 확대했다. 알 왈리드 빈 탈랄 왕자는 MTV 채널의 성공을 가까이에서 지켜보며, 2002년까지 로타나에 대한 지분을 48%까지 증가시켰다. 결국 2003년에는 로타나를 완전히 인수했고, 1억 달러에 달하는 로타나 제국을 성공적으로 건설했다. 이를 통해 그는 아랍 세계에서 음악산업의 대부로 등극했다. 알 왈리드 빈 탈랄 왕자의 언론 분야에 대한 투자는 단순히 상업적인 목표를 넘어서 있었다. 그의 진출은 정치적 · 개혁적 · 진보적인 야망이 뒷받침된 결과였다. 그는 언론을 통해 개혁과 진보를 추구하려 했으며, 이로 인해 그는 왕족 중에서도 항상 논란의 중심에 서 있었다.* 보수적인 사우디아라비아 사회에서 그의 존재는 끊임없는 논란을 유발했다. 이런 행동으로 알 왈리드 빈 탈랄 왕자는 자유주의 세력, 아랍 시민단체, 그리고 보수적인 종교 사회단체들 사이에 대립을 촉발하는 데 기여했다. 하지만 그의 영향력은 강력했으며, 그는 왕족 중에서도 독보적인 위치에 서 있었다.

걸프 위성방송의 순간

현재 걸프 지역의 언론 소유주들은 늘 아랍 전역에서 24시간 내내 방송을 내보내던 위성 채널에 집중되는 스포트라이트에서 벗어나고자 한다. 현재 총 1,394개의 위성 채널 중 729개가 두바이와 아랍에미리트에서 방송되고 있으며, 이는 전체 위성방송 수의 절반을 초과하는 비율이다. 이 중에서는 170개의 스포츠 채널, 152개의 드라마 채널, 124개의 음악 채널, 95개의 종교 채널, 그리고 68개의 뉴스 채널이 포함되어 있다. 이런 다양한 채널은 뉴스, 드라마, 음악, 스포츠, 종교, 다큐멘터리 등 다양한 장르에서 높은 시청률을 얻고 있으며, 모두 걸프 지역의 위성방송 채널이다. 걸프 지역은 스포츠, 뉴스, 드라

알 왈리드 빈 탈랄 왕자에 대한 논란 알 왈리드 왕자는 《포브스》가 선정한 억만장자에 꼽힌 사우디아라비아의 갑부로 최대 기업 중 하나인 킹덤 홀딩사의 회장직을 역임했다. 하지만 그는 2017년 사우디아라비아 무함마드 빈 살만 왕세자에 의해 부패방지법을 근거로 왕가 내 유력 인사들과 함께 리츠칼튼 호텔에 구금되었다. 이후 그는 일부 재산을 국가에 환원하고 풀려났지만 구금 사태의 여파로 과거만큼 큰 영향력을 행사하지 못하고 있다는 평가가 제기된다.

마, 음악, 종교 채널을 통해 영향력을 확장했다.

그 결과 걸프 소프트파워의 지배가 아랍 역사에서 걸프의 순간을 나타내는 주요 핵심 중 하나가 되었다. 다른 아랍 국가의 위성 채널은 걸프의 위성 채널과 경쟁이 되지 않는다. 다른 아랍 위성 채널은 걸프 위성 채널이 지니는 정치적 · 의식적 역할과 영향력에도 견줄 수 없다. 심지어 정치적이고 사상적인 메시지 전달 역할까지도 걸프 위성 채널들이 담당하고 있다. 이런 현상은 걸프 위성방송 채널들이 현대에서 가장 중요한 위치를 차지하고 있음을 잘 보여준다. 특히 알자지라 뉴스 채널은 이런 걸프 위성 채널들의 존재감, 영향력, 그리고 위상을 가장 잘 결합한 결과물로 여겨질 수 있다. 알자지라 뉴스 채널은 아랍 전체에서 걸프 지역의 영향력이 아랍 지역 전체의 영향력보다 더 크다는 것을 잘 보여준다.

알자지라 채널의 성장은 현대 아랍 역사에서 걸프의 순간을 잘 보여주는 사례라고 할 수 있다. 이 채널은 아랍 대중의 65% 이상이 시청할 정도로 인기를 끌어올려 압도적인 명성을 얻었다. 알자지라는 아랍 세계에서 가장 강력한 상업적 브랜드로, 세계에서 다섯 번째로 강력한 상업 브랜드로 꼽힌다. MBC 채널 역시 아랍 세계에서 가장 영향력이 있는 10개 채널 중 하나로 5위에 올라섰으며, 로타나 채널은 2위에 올랐다.

현재 걸프 지역의 위성방송 채널들은 황금기를 맞이하고 있다. TV는 아랍 세계에서 여전히 가장 중요한 매체로, 그 중요성이 계속해서 지속될 것임을 보여주고 있다. 아랍 대중의 30%는 다른 언론 매체보다 TV를 더 많이 시청하며, 이 비율은 계속해서 상승하고 있다. 아랍 국가와 중동 지역에서의 일일 TV 시청 시간은 세계에서 가장 높은 수준을 기록하고 있다. 예를 들어 남미의 평균 TV 시청 시간이 3.55시간인 반면에 아랍 지역은 4시간에 이른다. 서유럽은 3.52시간, 동유럽은 3.47시간을 TV 시청에 할애하고 있다.

이런 TV 시청 추세는 지속되며, 아랍 지역에서 TV는 아랍 대중의 의견 형성에 큰 영향력을 가진 중요한 매체로 자리잡고 있다. 미국 등 일부 국가에서는 유튜브나 다른 소셜네트워크의 등장으로 인해 TV 시청자 수가 감소하는 추세지만, 아랍 지역에서는 TV의 중요성이 여전히 높다. TV는 중요한 뉴스와 보도를 전달하는 출처 역할, 그리고 오락과 엔터테인먼트를 제공하는 매체로서 매력과 영향력을 지니고 있다. TV는 직접적으로 시청자에게 영향력을 행사할 수 있는 매체이며, 필요한 경우 대중을 선동하거나 사실을 왜곡할 수 있다는 특징도 가진다. 또한 현실을 환상으로부터 보호할 수 있는 능력도 있다. 각 지역의 공식 채널들은 그들이 보도하는 공적인 결정과 지역 소식을 보도하면서 현지에서 선두를 지키고 있다. 아랍 세계의 뉴스 위성 채널 순위를 살펴보면 이런 점이 반영되어 알자지라가 뉴스 채널 및 시청자 수에서 1위를 차지하고 있음을 확인할 수 있다.

알자지라의 순간

아랍 세계에는 70개 이상의 뉴스 채널이 존재한다. 이 중에는 알아라비야, 아랍 스카이뉴스, 미국의 후라 채널, BBC, 이란의 알알람, 프랑스24, 러시아의 알야움, 그리고 이란이 지원하는 마야딘 채널 등이 포함된다. 하지만 이 많은 채널들 중에서도 알자지라는 독보적인 위치를 차지하고 있다. 지난 20년 동안 알자지라는 아랍 세계의 뉴스 채널 중에서 가장 영향력 있는 채널이었다. 이 채널은 아랍 시청자들의 정치적 사고에 큰 변화를 가져오는 데 결정적인 역할을 했다. 아랍 사람들의 종교적 감정을 깊이 이해하고 존중하는 방송을 제공함으로써 시청자들의 공감과 신뢰를 얻었다. 덕분에 알자지라는 아랍 방송계의 선두 자리를 유지하며 시청자들의 끊임없는 관심을 받아왔다.

알자지라의 도약을 특징짓는 한 순간은 1998년에 미국이 이라크의 사담 후세인 대통령을 겨냥해 착수한 '사막의 여우' 작전 보도였다고 할 수 있다. 이어서 세계적인 이슈로 넘어와 9·11 테러의 보도에서도 알자지라는 세계적으로 주목을 받았다. 이는 알자지라의 독창적인 저널리즘 정신과 용기를 보여주는 순간이었다. 알자지라는 이후 서양 언론의 압도적인 지배력을 무너뜨리고, CNN의 영향력을 줄여나갔다. 아랍 방송에서 일반적으로 다루는 주제를 넘어 복잡하고 다양한 이슈를 다루는 방식으로 언론의 역할을 넘어서는 정치적 현상으로 성장했다.

또한 알자지라는 아랍 언론의 전통에 도전하고, 금기를 깨뜨렸다. 아랍 방송의 무대에 이스라엘 대표를 초대하는 등의 새로운 방식을 도입한 것이다. 이는 이제 이스라엘과의 관계 개선을 위한 새로운 시대를 맞이하고 있음을 시사한다. 또 다시 주목할 점은 알자지라가 알카에다의 리더인 오사마 빈 라덴을 영웅처럼 묘사한 적이 있다는 것이다. 이 채널은 오사마 빈 라덴을 이슬람 공동체의 지도자로서 본보기로 제시함으로써 세계에서 아랍인의 이미지를 테러리스트로 형성하는 데 일조했다는 주장도 제기된다.

알자지라와 카타르의 정치, 그리고 지정학적 목표 사이에는 연관성이 분명하게 존재한다. 언론이 중립적이어야 하며 의도를 가지지 않아야 한다는 생각은 옳지만, 사실상 완전히 개인적인 견해를 배제한 방송이나 신문은 존재하지 않는다. 알자지라의 주요 관심사 중 하나는 사우디아라비아와 관련된 사안이다. 그들은 때때로 사우디아라비아와 대립하는 사람들을 프로그램에 초대한다. 이런 상황에서 '알자지라가 추구하는 것은 무엇인가?', '카타르가 알자지라를 통해 사우디아라비아로부터 어떤 이점을 얻고자 하는가?', '알자지라의 최종 목표와 이익은 무엇인가?'와 같은 질문이 제기된다.* 사우디아라비아와 관련된 사안에서는 알자지라가 대체로 자유로운 토론을 허용하는 것으로 보인다. 그러나 알자지라가 추구하는 핵심은 카타르가 지난 20년 동안 겪은 변화 속에서 지역적인 역할을 수행하는 국가로 성장했다는 것이다. 전 카타르 국왕인 하마드 빈 칼리파는 알자지라 덕분에 카타르에는 더 이상 비행기, 군대, 무장 군인들이 필요하지 않다고 주장했다.

알자지라가 성공한 핵심은 연간 50억 달러에 달하는 카타르 정부의 지속적인 재정 지원이라고 볼 수 있다. 아랍 스카이뉴스, 알 후라, 알 아라비야 등 다른 아랍어로 방송하는 뉴스 채널들이 상업 광고에 크게 의존하고 있는 반면에 알자지라의 예산은 이런 경쟁자들의 총예산과 유사한 수준에 이른다. 그럼에도 알자지라의 강점은 그들이 누리는 언론의 자유에 있다. 이는 다른 언론사들이 누리는 자유를 훨씬 초월하며, 알자지라는 걸프 지역의 왕정들로부터 덜 간섭을 받을 수 있다. 그 결과 그들은 말하고 싶은 것을 자유롭게 전달하고, 비판하고 싶은 사항에 담백하게 비판할 수 있는 정치적 여유를 가졌다. 그들은 종종 어떤 의견을 비판하는 사람들을 똑같이 비판하기도 한다. 알자지라는 아랍 언론의 역사상 전례를 찾아볼 수 없는 수준의 자유로움을 보여 왔다. 카타르 국왕은 누구에게도 알자지라에 접근해 그들의 편집 방향이나 열띤 논쟁 프로그램에 개입하는 것을 허용하지 않았

알자지라를 둘러싼 논란 알자지라는 '하나의 의견과 또 하나의 의견' 이라는 슬로건을 가지고 등장했다. 이는 언론과 표현의 자유를 강조하는 알자지라 고유의 창립 이념을 보여주는 슬로건이라고 할 수 있다. 알자지라는 실제로 지역 내 금기되어 왔던 다양한 사안에 상대적으로 자유롭고 비판적인 보도를 했다. 알자지라는 아랍의 봄 반정부 시위 같은 민감한 정치적 문제나 무슬림 형제단 출신의 인사가 진행하는 프로그램 개설 등 그동안 중동 지역 언론에서 보기 어려웠던 파격적인 보도와 메시지를 제공했다. 그러나 이는 다른 걸프 수니파 왕정 국가들이 카타르에 반감을 갖게 된 결정적인 계기가 되기도 했다.

다. 알자지라에 대한 개입은 카타르와 카타르 국왕에 대한 주권 침해로 여겨졌다. 알자지라에 대한 간섭이나 개입은 넘지 말아야 할 레드라인과도 같았다.

알자지라는 주권 보호와 자유 증진 이상의 역할을 수행하며, 전 세계 주요 도시와 수도, 그리고 지역 사회에 기자단을 파견하고, 유명 아나운서, 방송 진행자, 방송 스타 등의 전문가 집단을 활용하고 있다. 아마도 알자지라의 매력을 가장 돋보이게 하는 인물은 〈알이티자흐 알무아키스〉(반대 방향)*라는 토론 프로그램의 진행자 파이살 알 카심일 것이다. 이 토론 프로그램은 아랍 언론의 토론 프로그램에 새로운 패러다임을 제시했다. 그는 대담한 용기를 지니고 있으며, 아랍 언론에서 찾아보기 어려운 수준의 표현의 자유를 보여주고 있다. 이 프로그램은 전례 없는 높은 시청률을 기록하며 대중적인 인기를 누렸다. MBC 채널의 〈아랍 아이돌〉과 같은 인기 오락 프로그램 수준의 높은 시청률을 기록한 것이다.

알자지라의 등장으로 아랍 방송의 역사는 알자지라 이전과 이후로 나눌 수 있었다. 토론 프로그램의 역사 또한 〈반대 방향〉 프로그램 이

알이티자흐 알무아키스(반대 방향) 1996년부터 시작된 알자지라의 주요 시사 정치 토론 텔레비전 프로그램이다. 파이살 알 카심이 진행하며 정치, 경제, 사회뿐만 아니라 민감한 종교 관련 주제도 다룬다. 토론 주제의 상반된 의견을 가진 2명의 게스트가 프로그램에 참여해 열띤 토론을 하는 프로그램으로 유명하다.

전과 이후로 나눌 수 있다. 알자지라의 이 프로그램은 작은 걸프 국가인 카타르가 이집트와 같은 거대한 국가들을 능가하는 지역적 세력으로 부상하는 데 크게 기여했다. 강력한 목소리와 열정적인 방송 덕분에 알자지라는 최고의 방송사로 자리매김했다.

알자지라 채널은 아직도 시청자들에게 강한 존재감과 영향력을 발휘하고 있다. 논쟁을 즐기는 알자지라는 종종 시대의 흐름에 반대되는 의견을 제시하곤 했다. 알자지라가 대립적인 논쟁에 열을 올릴수록 채널의 인기는 상승했으며, 동시에 편집 정책이나 채널의 역할을 재설정하라는 압력도 늘어났다. 아랍 정부들은 알자지라가 아랍 갈등을 왜곡해 보도한다며 국가의 안전과 안정을 위협한다고 비난했다. 일부 걸프 국가들은 알자지라 채널을 카타르의 도구로 비난하기도 했다. 이에 따라 몇몇 국가들은 알자지라 채널의 일부 또는 전체를 폐쇄하도록 요구하기도 했다. 그럼에도 불구하고 알자지라는 강력한 아랍 정치 언론의 주요 세력으로 버티고 있다. 이는 '아랍의 봄' 혁명에 중요한 역할을 한 알자지라의 힘을 입증하는 것이다.

알자지라가 매시간 뉴스를 방송할 때마다 그 인지도가 솟구치고, 아랍이라는 거대한 호수를 끊임없이 뒤흔든다. 그것이 바로 아랍 알자지라의 실체다. 알자지라의 홍보 영상이 강조하듯 알자지라라는 지구는 여전히 힘차게 물에 떨어지고 있다. 아마도 '아랍의 봄' 이후 변화된 알자지라는 물을 더 이상 움직일 수 없을지도 모른다. 알자지라는 여전히 일부에서는 선동적인 역할을 한다는 비판을 받고 있지만, 언론의 역할을 충실히 수행하고 있다. 일부는 알자지라가 아랍 지역의 언론 자유의 기준을 높여주고, 언론의 자유와 표현의 자유를 존중하는 문화를 높여주었다고 평가하고 있다.

MBC 위성 채널의 순간

알자지라 채널은 여전히 주요한 존재이지만, 그 황금기는 서서히 지나가고 있다. 그러나 MBC 채널은 여전히 활발하게 활동하며 아랍 언론계에 중요한 역할을 하고 있다. MBC는 드라마와 오락 등을 방송하며, 이는 알자지라가 뉴스를 통해 이슈를 생성했던 것과 비슷한 방식으로 그들의 위치를 강화한다. MBC는 드라마 분야에서도 많은 논란을 불러일으켰으며 독특하고 대담한 오락 프로그램을 선보였다. 하지만 이런 프로그램들은 아랍 사회에서 보수적인 가치를 지키려는 일부로부터 비난을 받기도 했다.

MBC는 가정을 타깃으로 한 첫 번째 가족 채널로 자리잡으며, 아랍 국가들에서 가장 높은 시청률을 기록했다. 특히 사우디아라비아와 이집트에서 높은 인기를 얻었으며, 라마단 기간 동안 높은 시청률을 보였다. MBC는 다른 아랍 지역 위성 채널들과 견줄 수 없는 수준이며, 오락 프로그램과 라마단 시리즈에서도 압도적인 시청자 수를 기록했다. 따라서 알자지라가 아랍 여론을 조성하는 채널이라면, MBC는 아랍 대중의 취향을 조성하는 채널로 볼 수 있다. 1991년에 런던에서 시작된 MBC는 10년 후에 걸프 지역으로 복귀해 두바이에 지사를 설립했다. 두바이는 아랍과 전 세계의 언론사들과 플랫폼들이 모이는 언론의 중심지가 되었다. MBC는 두바이로 본사를 옮긴 이후 20년 동안 채널 수, 프로그램 수, 시청자 수가 2배로 늘었으며, 광고 수익과 이익도 크게 증가했다. 이런 성과를 바탕으로 MBC는 아랍 지역에서 성공적인 상업 방송국으로 성장했다.

MBC는 지속적인 성장과 함께 롤모델의 위치를 유지하고 있다. 하지만 MBC는 단순히 하나의 채널이 아닌, 광범위한 네트워크로 발전해왔다. MBC1, MBC2, MBC3, MBC4, MBC맥스, MBC플러스, MBC드라마 등과 같은 다양한 채널이 그것을 증명하고 있다. MBC 채널의 출범을 시작으로 이들 새로운 채널들은 계속해서 성장하며 아랍 사회의 다양한 계층을 대상으로 전문 채널 방송을 확장하고 있다. 특히 여성, 어린이, 청년들을 타깃으로 삼고 있다. MBC 그룹은 파노라마 방송국, MBC FM 등의 방송국을 추가로 설립했으며, 인터넷 사이트, 소셜네트워크, 모바일 및 이동통신 기기 활용 분야에서도 선두를 달리고 있다. 또한 자체 시리즈를 제작하는 제작사를 설립했고, 다양한 MBC 지역 채널들을 창설했다. 이 중에서도 MBC 이집트는 이집트 상업 광고 시장에서 주요한 지위를 차지하고 있다.

MBC는 예술, 대담, 오락, 가족 등을 다루는 다양한 프로그램과 시리즈를 제공하며, 이들은 두바이 스튜디오에서 촬영되거나 해외에서 수입되는 프로그램도 포함한다. 이런 프로그램들은 큰 성공을 거두며 많은 인기를 얻었고, 예술, 언론, 사회 분야에서 끊임없는 논란을 불러일으키기도 했다. 〈아랍 아이돌〉 프로그램은 세계적인 가수 경쟁 프로그램의 아랍 버전으로, 매년 젊은 가수들의 재능을 발굴하는 데 기여한다. 이 프로그램은 높은 인기를 얻었으며, 2011년 첫 방송 이후로 기록적인 시청률을 달성했다. 이 프로그램은 알자지라의 〈반대 방향〉 프로그램보다 더 많은 대중적 호응을 얻었다. 그러나 일부 비판도 존재했다. 이런 비판 중 일부는 사실이지만 일부는 그렇지 않을 수도 있다. 예를 들어 일부 보수적인 종교단체는 프로그램의 아랍어 이름인 '마으부드 알자마히리야(대중들의 우상)'에 강하게 반발했다. 이에 따라 채널은 이름을 '마흐부브 알자마히리야(대중들의 사랑)'로 변경했다.

또한 일부는 경쟁을 유도하고 심사위원회를 구성하는 방법에 대해 비판했다. 프로그램 내용, 경쟁구도 설정, 수상자 발표 등에 대해서도 비판 목소리가 있었다. '대중들의 사랑'이라는 이름은 아랍 음악계에서 빛나는 스타가 되었으며, 국민적인 우상으로도 여겨진다. 이 프로그램의 모든 단계마다 치열한 경쟁이 펼쳐졌다. 이런 예술적인 경쟁은 방송 영역으로 옮겨가고 그 열기가 정치 영역으로 확산되기도 했다. 배반과 배신에 대한 비판이 나오기도 했다. 순수한 재능 경쟁이 고귀한 메시지를 가진 예술, 음악, 노래, 오락 영역으로부터 사회적 대립과 대결을 일으키는 악의적인 경쟁으로 바뀌는 것에 대한 비판이었다. 이런 비판은 알자지라 같은 뉴스 채널에서 볼 수 있는 정치적 프로그램의 분쟁 수준보다 약하지 않았다. 사실 오히려 이런 논란을 통해 흥미를 불러일으키고 마케팅 효과를 얻어 대중성을 확보하려는 의도가 있었다고 볼 수도 있다. 이런 프로그램들은 시청률을 높이고 이를 통해 상업적 광고를 더 많이 유치하는 것을 목표로 하기 때문이다.

MBC 채널의 영향력은 예술 프로그램에만 한정되지 않는다. 드라마 시리즈와 외국 및 라마단 드라마 시리즈 모두가 대중적인 인기와 영향력을 누리고 있다. 예를 들어 2017년에 방영된 라마단 드라마 〈가라비브 수드〉는 테러 조직인 ISIS의 내부 삶을 용감하게, 비판적으로, 그리고 예술적으로 탐색했다. 특히 〈지하드 알니카〉(섹슈얼 지하드) 이야기는 ISIS 조직의 비밀스러운 모습을 인간적인 측면에서 잘 드러냈다. MBC는 가족 채널을 통해 진지한 드라마를 제작했고, ISIS의 잔인한 행동과 종교적 여성 매매 등의 주제를 다루었다. 이 드라마는 ISIS의 위험성을 경고하는 메시지를 자막으로 넣기도 했다. 또한 아랍 청년들 사이에서 유행하는 극단주의에 대한 주제도 다루었다. 이런 라마단 드라마들은 찬반양론을 불러일으키기도 했다.

MBC 채널의 드라마와 알자지라 프로그램으로 인한 파급효과의 원인이 무엇이든, 알자지라는 아랍 대중의 민심을 보여주는 채널이고 MBC는 가족과 아랍 청년들을 위한 채널이라는 데는 모두가 동의한다. 알자지라는 카타르에서 처음 방송되었고, MBC는 두바이에서 방송되었다. 이 두 채널은 아랍 위성 채널 중 가장 높은 시청률을 기록하며 아랍 대중들의 기호와 여론 형성에 큰 영향을 미치고 있다. 알자지라 채널은 카이로에서 시작되지 않았고, MBC는 베이루트에서 시작되지 않았다. 이들은 각각 카타르와 아랍에미리트에서 시작되었다. 도하와 두바이는 아랍 언론의 세계에서 선두를 이루는 새로운 언론 중심지이다. 비교적 소국인 걸프 국가들이 보여주는 영향력, 통치력, 역할은 다른 아랍 대국들도 이룰 수 없는 일이다.

걸프 지역에는 도하의 알자지라뿐만 아니라 두바이의 알아라비야 채널과 아부다비의 스카이뉴스 아랍어 채널도 있다. 이런 뉴스 채널을 대적하고 경쟁하는 것은 MBC와 같은 걸프 오락 채널, 그리고 로타나와 같은 다른 드라마, 오락, 가족 채널들이다. 이들 채널은 모두 경쟁력과 영향력을 갖고 있다. 또한 걸프 채널들은 아랍 스포츠 채널에서도 중요한 영향력을 가지고 있다. 베인 스포츠 채널은 2003년에 카타르에서 시작되었고, 현재 17개의 서로 다른 스포츠 채널을 운영하고 있다. 이 채널들은 월드컵이나 유럽 챔피언스리그, 잉글랜드·스페인·독일 챔피언컵, 중동 및 북아프리카 지역의 테니스 대회 등의 스포츠 경기를 중계할 수 있는 권리를 보유하고 있다. 아랍 스포츠 대회 채널권을 가지고 있는 베인 스포츠와 같은 막대한 권력을 누리는 아랍 언론은 찾아보기 힘들다. 베인 스포츠 채널은 걸프가 뉴스, 오락, 음악, 스포츠, 다큐멘터리, 종교 방송을 지배하고 있다는 것을 입증하는 걸프 언론의 완성체라고도 할 수 있다. 이런 방식으로 걸프의 언론은 아랍 현대사에서 걸프가 주도하는 주류 언론으로 발전하고 있다는 것에는 의심의 여지가 없다.

걸프 신문의 순간

최근의 지표를 살펴보면 걸프 지역의 일간 신문과 주간 잡지가 방송 채널과 위성방송이 지닌 영향력과 존재감을 동등하게 보유하고 있다는 사실을 확인할 수 있다. 아랍 독자들은 아랍 시청자들처럼 걸프 언론의 영향권 하에 있다. 이런 영향력과 존재감을 가장 잘 보여주는 사례는 아마도 걸프 왕족이 보유하고 있는 《앗샤르크 알아우사트》와 《알하야트》 신문일 것이다. 《알하야트》는 칼리드 빈 술탄 왕자가 소유하고 있으며, 사우디아라비아의 영향력을 강화하고 있다. 이 신문은 아랍 통치자들뿐 아니라 대중에게도 중요한 정치적 영향력을 발휘하고 있다.

《앗샤르크 알아우사트》는 스스로 '세계적인 아랍인 신문'이라고 부르며, 아랍 전역에서 두 번째로 큰 신문으로 꼽힌다. 이 신문은 사우디아라비아 왕자인 아흐마드와 파이살이 소유한 사우디아라비아 연구 및 마케팅 그룹에서 발행한다. 이 그룹은 아랍 세계에서 가장 큰 유통 기업으로 발전해 800개의 저작물을 발행하고 있다. 또한 《앗샤르크 알아우사트》 외에도 18개의 신문, 일간, 월간, 분기 잡지를 발행하고 있다.

《앗샤르크 알아우사트》의 상징적인 색은 녹색이다. 이는 사우디아라비아의 국가 색깔을 반영한 것이다. 이 신문은 전 세계에서 유통되는 유일한 아랍 신문으로, 아랍의 모든 수도와 도시에서 판매되고 있다. 아랍 일반 독자들뿐 아니라 아랍의 엘리트들도 이 신문을 열심히 읽고 있다. 리야드, 젯다, 담맘, 카사블랑카, 카이로, 카르툼, 이스탄불, 아르빌, 베이루트, 두바이, 암만, 요하네스버그, 프랑크푸르트, 마르세유, 마드리드, 뉴욕, 로스앤젤레스, 워싱턴 등 여러 대도시에서 발간되고 있다.

《앗샤르크 알아우사트》는 사우디아라비아와 걸프의 현안에 대한 입장을 아랍 독자들에게 전달하며, 걸프의 다양한 칼럼과 기사를 제공하고 있다. 30년 전만 해도 걸프의 흔적은 신문에서 찾아보기 어려웠지만, 이제 세상은 변화해 걸프의 글들이 넘쳐나고 있다. 일부 걸프의 기사와 칼럼들은 여느 아랍의 대문인이 작성한 글보다도 더 인기가 있다. 이 중에는 《앗샤르크 알아우사트》의 편집장인 압둘라흐만 라쉬드의 이름이 빠질 수 없다. 그는 2014년 알아라비야의 사장이 되었다. 아랍 신문에서 그의 일일 칼럼의 영향력과 깊이에 버금가는 칼럼은 찾아보기 어렵다. 지난 세기를 지배했던 아랍의 대칼럼리스트들은 이제 그들의 자리를 압둘 라흐만 라쉬드에게 내주었다.

2006년에는 《아라비안 비즈니스》지가 선정한 아랍 언론에서 가장 영향력 있는 인물에 그의 이름이 올랐다. 그리고 아랍에서 가장 영향력 있는 100인 중에서 모든 직업군을 통틀어 9위에 오르기도 했다. 2013년에는 무함마드 마흐무드 알 자마시 감독이 주관한 국제 인권 · 중재 · 정치 및 전략 연구위원회의 투표를 통해 세계에서 가장 영향력 있는 인물로 선정되어 우수 메달을 받았다. 그리고 두바이에서 개최된 제15회 아랍언론포럼의 폐회식에서 아랍 신문 상 중 일반 언론인상을 수상하기도 했다.

7장

현재의 도전과 미래의 여정

현재의 도전

미래의 여정

아랍 사람들은 주변을 조금만 둘러봐도 지금이 바로 걸프의 순간임을 증명하는 증거들을 발견할 수 있다. 경제부터 정치, 사회, 문화, 언론에 이르기까지 모든 분야에서 걸프의 영향력과 위상, 무게와 존재감이 두각을 드러내고 있다. 새로운 걸프의 순간은 과거 반세기 동안 모아온 정치적 안정과 경제적 번영, 지역 통합의 업적 위에 세워진 것이다. 사람들은 걸프를 경제, 정치, 사회, 문화, 언론의 강력한 중심으로 인식하고 있다. 21세기의 걸프는 소프트파워와 하드파워를 통해 한껏 자신감을 과시하고 있다.

　걸프는 굳건한 책임감을 내세우며, 그에 상응하는 능력도 갖추고 있다. 걸프는 자신감 넘치는 지도력을 발휘하며, 그럴 만한 역량을 드러낸다. 걸프의 도약하는 수도에서는 어느 위치에 있든, 가깝든 멀든 걸프가 행할 수 있는 역할을 실행하고 그에 대한 충분한 능력을 보여준다. 새로운 걸프는 자신들의 문제를 해결할 뿐만 아니라 아랍의 문제까지 결정하는 결단력을 갖고, 걸프와 아랍의 미래를 모두 창출해나간다. 아랍의 동서 양쪽을 아우르는 안보와 안정에 대한 책임까지 소화하고 있다.

걸프의 순간을 이야기하고 걸프가 아랍의 중심으로 이동했다는 사실을 확신한다고 해서 걸프가 자만심에 빠져 있다는 것은 전혀 아니다. 이는 환상에 휩싸인 주관적인 감정이 아니라 사실에 근거한 것이다. 더 나아가 걸프가 아랍 전체를 지배하고 있다는 생각 역시 결코 잘못된 해석이다. 걸프는 자신에게 맞지 않는 자리에 앉으려 하지 않으며, 어울리지 않는 지도자의 역할을 시도하지도 않는다. 걸프의 시민들은 아랍인이라는 정체성 이외에 다른 정체성이나 성격을 추구하지 않는다.

걸프의 순간이라는 용어는 새로운 세기와 함께 등장한 걸프의 현실을 깊이 이해하고 탐구하려는 시도에서 비롯되었다. 걸프는 대단한 어떤 역할을 하고 있고, 그 영향력이 어떻게 확장되고 있는지에 큰 가중치를 두려 하지 않는다. 걸프는 우월감이나 차별성 없이 성장을 지속해왔다. 사실 걸프는 오랜 시간 동안 그리고 아직도 다른 아랍인들로부터 모멸감을 받는 경험을 해왔다. 하지만 이런 감정을 잘못된 걸프의 우월감으로 대체해서는 안 된다.

걸프의 순간을 이야기하는 것은 다른 아랍이나 나머지 아랍을 축소하려는 의도가 아니며, 모든 아랍의 역할을 줄이려는 것도 아니다. 걸프는 아랍 국가들을 더욱 돋보이게 하는 안정, 번영, 정의를 누리고 있다. 이는 쇠퇴하고 분열된 지쳐버린 다른 아랍 국가들을 돌아보게 하는 동시에 걸프가 역사적 책임을 지고 공동체의 위기에 대처하며 테러 및 극단주의 세력에 맞서 싸우는 것을 의미한다. 걸프는 공동체에 대한 공격과 세력 확장을 시도하는 이란을 포함한 역내 세력에 대항하고자 한다.

걸프의 순간은 걸프가 아랍 공동의 문제를 다루는 기관들에 역사적 책임감을 가져야 하는 순간이다. 이에는 팔레스타인 문제와 도움을 필요로 하는 아랍 국가들에 대한 재정적·인도적 지원과 도움을 제공하는 것이 포함된다. 아랍 국가들의 후퇴와 쇠퇴를 막아야 하는 책임도 지고 있다. 이 모든 것은 걸프가 아랍 세계에서 분리될 수 없는 존재라는 본성적인 인식에서 시작한다. 걸프는 아랍 문화와 문명의 중심에 위치해 있다. 걸프는 다양한 순간과 과정을 통해 아랍 세계와 영향을 주고받으면서 아랍의 문명과 문화에 속해 있다는 사실을 자랑스럽게 여긴다.

재차 강조해야 하는 것은 걸프의 순간이 완성된 순간이 아니며, 새로운 걸프의 모습이 완전한 상태가 아니라는 것이다. 21세기 걸프의 부상은 걸프가 정치, 군사, 문화, 언론 분야를 선도할 수 있는 조건이 완전히 갖추어졌다는 것을 뜻하지 않는다. 이집트에서 나세르가 이끌었던 순간마저 이집트가 혼자 아랍 국가를 관리하고 지도할 수 있는 능력을 온전히 갖지 않았다. 다양한 아랍 지역을 이끌고 가기는 절대 쉽지 않다. 이는 단일국가 혹은 여러 국가의 제도로서 달성할 수 있는 것이 아니다. 국가가 갖는 자원, 역량, 지도자의 자질이 아무리 우수하다고 해도 한 국가만으로 여러 아랍 국가들을 이끌어가기는 어렵다. 강력한 소프트파워나 하드파워를 가진 한 국가만으로는 이것이 불가능하다.

걸프가 엄청난 재력, 경제력, 지도력을 가지고 있으며, 뛰어난 제도적 가능성을 갖추고 있다는 것은 분명하다. 그들은 정치적으로 안정되어 있으며, 경제적으로 번영하고 있는 것처럼 보인다. 그러나 야만적인 국제 정치세력에 의해 점령당하고 있는 불안정한 지역의 위기를 걸프 국가들이 홀로 책임지고 이끌어야 한다는 부담을 짊어져야 하는 것은 아니다. 한편으로는 세계나 지역 내 일부 세력들이 움마에서의 걸프의 입지를 약화시키거나 제거하기 위해 걸프 국가들을 방해하고 그들의 세력을 약화시키려 시도하는 경우도 있다.

현재의 도전

걸프의 순간은 미래가 유망한 창시의 순간이다. 하지만 세계 역사에서 세계화의 순간, 아시아의 순간, 미국의 순간처럼 여느 순간과 다름없이 강점과 약점으로 가득 차 있다. 또한 이 순간은 반복해서 나타나는 오랜 위기와 새로운 위기에 함께 직면하고 있다. 안보, 인구, 민주주의, 정치 개혁 등 중요한 도전에 직면하고 있으며, 이 중 어떤 것이 지역적 · 세계적 도전인지에 대한 합의도 필요하다. 특히 일부 사람들은 걸프가 이데올로기, 정치, 사상적으로 설득력 있는 기준을 설정하지 못한다고 주장한다. 또한 걸프가 다른 아랍 국가들에게 번영, 발전, 지식의 완성된 계획을 제공하지 못한다는 비판도 있다.

걸프의 발전과 통합 모델이 매력적이고 훌륭하며 번성하는 것은 사실이다. 그러나 걸프 모델에서 고착화된 가장 두드러진 정치적 특징은 한 가문이 통치하는 왕정 체제라는 것이다. 왕정 체제는 헌법적으로 제도화되어 있어서 변화의 여지가 없으며, 그로 인해 아랍 공화국들에게는 매력적이지 않다. 공화국들이 가진 단점, 실패, 억압, 경멸의 정치가 만연하더라도 이들 국가들은 여전히 공화정 체제를 유지하고 있다. 그리고 공화국은 세습 제도도 아니다. 걸프의 통치 기준은 걸프만의 특성에 부합한다. 따라서 그들의 역사적 배경이나 지리적 환경을 벗어나 걸프의 정치적 안정을 전파하는 것에는 한계가 있다. 이는 아랍 현실에서 일반화될 수 없다.

걸프의 정치적 기반은 걸프에만 있어야 한다. 걸프에서 일어나는 일이 걸프 밖으로 확산된다고 해서 반드시 유익한 것은 아니다. 걸프는 아마 자신들의 국가와 현실을 위한 문명, 발전의 비전을 가지고 있을 것이다. 하지만 아랍 국가들의 상황에 적합한 통합된 정치적·사상적 비전을 제시하지는 않는다. 걸프 국가들은 뛰어난 이니셔티브를 발휘하고, 관대한 인도적 도움을 제공하며 놀라운 발전을 이루었다. 하지만 걸프의 순간이 아랍 공화국들에 영감을 줄 만한 명확한 비전을 제공하지는 않고 있다. 나세르가 보여준 것처럼 거대하고 고무적인 민족주의에 대한 인식이 부족한 상태에서 걸프의 순간은 시작되고 있다. 이 때문에 걸프의 순간이 여전히 걸프 자체의 순간으로 머무르고 있다. 걸프의 순간은 다른 아랍 국가들에게 영감을 줄 만한 고무적인 민족적 비전을 제공하지 못하고 있다.

걸프의 리더십은 비전 없이는 완성될 수가 없으며, 그 비전은 표현의 자유, 참여의 자유, 그리고 민주주의 영역에서의 신뢰성이 보장되지 않으면 강력한 리더십을 만들어낼 수 없다. 이런 가치들은 현대 발전 프로젝트에서 가장 중요한 요소 가운데 하나다. 걸프의 현대화는 있을 수 있지만, 민주주의적 개혁이 전제되지 않으면 이 현대화를 완성할 수 없다. 걸프 국가들은 지난 수십 년 동안 사회, 경제, 기술 분야에서 현대화를 달성하기 위해 부단하게 노력해왔다. 그 결과 국가 보고서에서 높은 점수를 받고, 긍정적인 평가를 얻어내며, 중요한 성과를 이루었다. 하지만 인적 개발을 위한 정치적 영역에 대한 주목은 부족한 것 같다. 따라서 인권, 정치적 자유, 언론의 자유, 집회의 자유, 법의 독립성, 권력 분배, 정부 업무에 대한 시민 감독, 시민사회 단체의 독립성 등의 분야에서 기록은 매우 낮거나 저조한 수준에 머무르고 있다.

인간 개발을 위한 문헌 중 하나는 다음과 같이 말한다. 기본적 교육, 보건의료, 주거, 일자리를 얻는 것은 자유와 정치적 권리, 시민 권리를 얻는 것만큼 중요하다. 따라서 부와 복지는 중요하게 여겨져야 한다. 이와 함께 공공의 활동에 참여하는 것도 마찬가지로 중요하다. 발전의 또 다른 목표는 인간에게 자신의 삶에 영향을 미치는 의사 결정에 참여하고 선택하는 자유를 제공하는 것이라 할 수 있다.

정치적으로 가장 자유로운 사람은 자원의 최적 활용을 위한 계획, 운영, 결정에 참여할 수 있는 사람을 말한다. 민주주의는 인간 중심이며, 엘리트나 집권층에 의해 지배받는 것이 아니다. 걸프의 순간에 가장 필요로 하는 것은 자유, 민주주의, 제도화, 그리고 국민 참여를 이끌어낼 용기라고 할 수 있다. 이런 것들이 없다면 걸프의 순간은 화려함을 잃고, 역사의 짧은 시간 동안 반짝이는 순간에 지나지 않을 것이다. 나아가 걸프 국가들은 지도자로서의 역할을 잃게 될 것이다. 결과적으로 걸프의 순간이 지닌 세상의 부와 문명, 창조, 발전의 중심지로서의 위상도 장기적으로 유지하지 못하고 잃게 될 것이다.

걸프의 순간은 민주주의의 표준이 아니다. 쿠웨이트를 제외한 대부분의 국가들은 민주주의로의 전환을 장려하지 않고 있다. 그리고 민주주의로의 전환을 위한 노력은 더디며 경제 발전의 수준에 미치지 못하고 있다. 즉 걸프 국가들의 민주주의 수준은 개발, 경쟁, 행복, 경제적 자유의 지표에서 높은 점수를 차지한 국가들에 비해 부족한 수준이라 볼 수 있다. 표현의 자유, 언론의 자유, 그 밖의 다양한 자유 관련 지표에서도 후 순위를 차지하고 있다.

2023년 언론의 자유 보고서에 따르면 쿠웨이트는 세계 154위, 아랍에미리트는 145위, 카타르는 105위, 오만은 155위, 바레인은 171위, 사우디아라비아는 170위를 차지했다. 프리덤 하우스 지표에서는 쿠웨이트만이 자유에 가까운 국가 리스트에 있는 유일한 걸프 국가일 뿐 나머지 국가는 자유롭지 않은 국가로 분류된다. 매년 이코노미스트가 발표하는 민주주의 체제 리스트에는 어떤 걸프 국가도 이름을 올리지 않았다. 자유, 정치적 권리, 참여, 민주주의에 나타나는 이런 저조한 지표들로는 걸프의 순간이 설득력이 있고 고무적이라고 할 수 없으며, 심지어 제도적으로 깊이 있는 정치적 안정의 측면에서 안정적이라고도 볼 수 없다. 이런 요소들이 21세기 삶의 요건 중 하나다.

그리고 걸프 국가에서의 자유와 민주주의 개혁의 상황은 다른 아랍 국가들과 크게 다르지 않다. 튀니지만이 아랍 국가 중 유일하게 세계적으로 민주주의 국가로 인식되어 왔다. 하지만 2023년 현재 튀니지도 민주주의와는 거리가 먼 과거로 회귀한 것으로 평가받는다. 아랍 지역은 일반적으로 민주주의 수준이 낮고, 인권 침해가 심각하다. 국민들은 최소한의 자유만을 누리고 있으며, 언론과 표현의 자유가 제한적으로 보장받고 있다. 그리고 9개 공화정 아랍 국가들은 자유, 민주주의 부분에서 걸프 국가들보다 더욱 나쁜 심각한 상황을 보여주고 있다. 그러나 걸프 국가들이 자신들의 국민을 멸시하는 것은 아니다. 현대 아랍 세계에서 안정적이고 번영하며 그리고 고무적인 민주주의 표본을 제시할 수 있는 국가는 존재하지 않는다.

지도력은 비전 없이는 완성되지 않으며, 민주주의 없이는 확고해질 수 없다. 또한 대부분의 걸프 국가들에서 인구 구성의 불균형이 심각한 문제로 작용하고 있어, 이런 상황에서 걸프의 순간은 모델이 되기 어렵다. 따라서 걸프의 순간이 직면하고 있는 가장 큰 위협은 내부적인 요인, 즉 인구 구조의 불균형이라고 할 수 있다. 걸프 국가의 인구 구성은 전례를 찾아보기 힘든 이해하기 어려운 수준에 이르렀는데, 이는 자국민의 비율이 줄어들고 있다는 점에서 명확하다. 특히 카타르와 아랍에미리트는 전체 인구 구성 중 자국민 비율이 10% 남짓밖에 되지 않는다.

이런 비율이 지속된다면 카타르와 아랍에미리트의 경우 총인구 중 자국민 비율은 계속 줄어들어 2027년에 5%에 이르렀다가 2035년에는 1%로까지 떨어지고 그 이후로는 거의 0%에 가까워질 수 있다. 자국민의 비율이 1%, 10% 혹은 50% 미만인 상황은 인구 구조에 재난적인 상황이라 할 수 있으며, 이는 역사상 한 번도 경험해보지 못한 것이다. 특히 현실적으로나 이론적으로 이런 현상이 발생한 적은 없다. 인구의 불균형은 카타르와 아랍에미리트에만 한정되는 것이 아니며, 걸프 국가의 전반에서 나타나는 상황이다. 2020년 기준으로 보면 쿠웨이트의 외국인 비율이 69%, 바레인이 53%, 오만이 39%, 사우디아라비아가 39%에 달했다.

이 때문에 불가피하게 다음과 같은 질문이 제기된다. 과연 걸프의 번영과 안정적인 발전모델이 자국민 없이도 가능할까? 걸프인 없이 걸프를 형성하고, 아랍의 역사 속에서 아랍인과 아랍어를 사용하는 사람들의 비중이 전체 인구에서 줄어드는 상황에서 걸프의 순간을 실현할 수 있을까? 자국민이 소수가 되고 걸프 자국민의 인권이 외국인들에게 침해당하게 된다면, 아랍어가 제2외국어가 되거나 심지어 제

3. 제4외국어가 되는 상황에서 아랍의 정체성은 축소될 수밖에 없지 않을까? 인구 구조의 불균형은 걸프의 순간의 어두운 측면이고 내부적으로 가장 취약한 부분이 틀림없다.

이처럼 걸프의 순간은 확신할 수 없게 되었고 걸프의 정체성도 지역과 세계 정체성 사이에서 혼란스러운 상황이다. 세계화 지표에 따르면 걸프 국가들은 세계화가 잘 이루어진 국가들 중 하나로 보인다. 걸프의 수도들은 세계화된 도시의 선봉대에 위치하고 있다. 걸프의 경제는 세계 경제 시스템에 더욱 통합되고 있다. 세계화의 장점들은 명확하며, 세계화가 제공하는 투자 및 기술 지식 이익도 분명하다. 세계 전체가 확장될수록 세계인들의 생활과 사상은 물론 행동이 비슷해지고 있다.

세계화의 사다리를 계속해서 올라가는 상황에서 걸프 사회는 유산, 관습, 정체성, 아랍주의, 신념과 관련된 근본적인 문제들에 직면하게 되었다. 걸프 국가들의 세계화는 세계화와 현대화에 빠른 속도로 적응하는 과정에서 보수적인 사회세력들이 만들어낸 비싼 비용을 지불하면서 이루어졌다. 세계적이고 또한 지역적인 차원에서 구성원들 간의 논쟁을 일단락짓지 않는 한 걸프 국가들은 사회적·정치적 불안정을 겪을 수밖에 없다. 그리고 안보적인 불안정이 더욱 심화될 것이다.

특히 걸프 국가들은 위험한 지역에 위치해 있으며, 그 위험성은 증가하고 있다. 지역과 국가 안보에 집중하는 것이 걸프 국가들의 첫 번째 전략적 도전이자 주요 과제라 볼 수 있다. 이런 차원에서 걸프 국가들은 2015년 예멘내전에 참여했다. 안보는 여전히 걸프 국가들의 우선순위 항목에서 항상 상위에 위치하고 있다. 빠른 세계화로 인해 자국민들이 국가 인구 중 소수로 변해가는 상황 속에서 국가의 미래에 대한 우려와 이로 인한 사회적 혼란은 커지고 있다.

오랜 시간을 지나면서 여러 도전이 쌓이는 과정이 걸프의 순간의 가장 큰 약점을 형성했다고 볼 수 있다. 하지만 새로운 위급한 도전에 직면해도 정부와 사회, 그리고 국민들이 현실적이며 유연하게 대응해왔다. 걸프 국가들은 경제적 번영과 정치적 안정의 현실에 기반해 이런 문제들을 극복하는 데 성공했다. 따라서 걸프 국가들은 자신들의 능력과 자원에 대한 신뢰를 갖고, 현재의 실상과 미래를 믿고 있다. 이들은 현재 아랍 국가 중에서 내부적으로 가장 견고하며, 가장 영향력이 크고, 세계적으로 존재감이 뚜렷한 정상에 올라 있다.

한편으로는 걸프 국가들에서 통용되는 생각 중 하나는 과거가 현재에 비해 힘들었다는 것이다. 그리고 현재는 과거에 비해 더 나아졌다는 것이다. 걸프의 순간에서 미래를 염려하지 않는다. 이 모든 것은 다음과 같은 질문을 제기하게 한다. 걸프의 순간은 어디로 향하고 있는가? 얼마나 지속될 것인가? 그리고 가까운 미래나 먼 미래에서 보이는 모습은 어떨 것인가?

미래의 여정

걸프의 순간은 아랍 역사의 한 부분으로 기억될 것이다. 걸프의 순간이 얼마나 지속될지 예측하는 것은 불가능하다. 걸프의 순간 다음에는 다른 순간이 이어질 것이다. 이것이 바로 인생의 순리다. 현재 성공적이고, 전망이 밝으며, 부상하는 것 같은 국가들도 과거에는 빈곤하고 무시당하며 소외되었고, 역사에 그 자취가 잘 남지 않았다. 반면 과거에 실패하고 어려움에 처해 지쳐 있었던 국가나 공동체들이 현재는 가장 큰 존재감과 영향력을 가진 번영하는 국가가 되어, 그들 자신과 외부의 국가와 공동체를 위한 부를 생산하고 있다.

하지만 이 책이 밝혀낸 바에 따르면 걸프의 순간은 지속해서 떠오르고 있으며, 걸프의 순간 앞에는 더 높은 정상을 향해 나아가야 할 멀고 고된 길이 놓여 있다는 사실이다. 걸프의 순간은 계속해서 오르막길을 걷고 있으며, 가까운 시일 내에 완성될 것처럼 보이지도 않는다. 새로운 걸프의 현실에 대한 미래에는 비관적인 시각도 존재한다. 걸프의 순간의 미래는 다음의 세 가지 경로로 나뉘어 예상할 수 있다.

미래를 향한 첫 번째 시나리오는 "강렬한 녹색 걸프 여정"으로 칭할 수 있는 매우 긍정적인 시나리오다. 걸프 국가의 미래는 향후 5년간 4~5%의 경제성장률을 기록하며, 유가는 높은 수준을 유지하면서 강한 긍정적인 신호를 보여준다. 모든 개혁 정책의 목표가 달성되어 사우디 비전 2030이 실현되고, 걸프 국가들 간의 차이를 극복해 GCC

가 걸프 연합과 같은 더욱 발전된 단계로 나아갈 수 있다. 사우디아라비아, 아랍에미리트, 그리고 바레인 세 국가의 연방 선언을 향한 움직임도 포함한다. 그리고 이 시나리오에서는 예멘내전과 테러의 위협을 완전히 차단하고, ISIS를 포함한 다른 역내 테러단체의 위협을 끊어내는 명확한 군사적 승리를 실현할 수 있다는 강력한 긍정의 신호를 보여준다.

두 번째 가능한 미래 시나리오는 낙관적이다. 이를 "녹색 걸프 여정"이라고 부를 수 있다. 이 시나리오는 걸프 국가의 자원, 구성원, 국가 신뢰도 등에 힘입어 현재의 번영과 안정이 계속되는 상황이다. 경제성장률은 동일하고 유가는 적절한 선을 기록한다. 정치적으로도 안정적인 상황이 지속되는 "녹색 걸프 여정"이다. 이 시나리오에서는 걸프 국가들 간 협력이 최소한으로 유지되며, 간헐적으로 걸프 국가 사이에 갈등이 발생할 것이다. 예멘내전이 지속되어 위협이 해소되지 않으며 내부적 · 지역적 테러와 여전히 대적하고 있는 데다 이란의 팽창에 의한 위기 고조가 계속되는 상황이다. 단기간에 가장 가능성이 큰 지표에 따르면 걸프의 상황은 현재와 같은 녹색 긍정의 신호가 유지될 것으로 보인다. 이는 걸프 국가들이 내부적으로나 외부적으로 크게 진전이 없지만, 반대로 갑작스러운 변화나 위기 재발도 일어나지 않을 것이라는 전제에 따른 것이다.

세 번째 가능한 미래 시나리오는 이전 두 가지 시나리오보다 낙관적이지 않다. 이를 "희미한 녹색 걸프 여정"이라고 부를 수 있다. 이 시나리오에서는 갑작스러운 경제침체가 발생하며, 유가는 낮은 수준으로 떨어진다. 사우디 비전 2030이 최소한의 개혁 목표조차 달성하지 못하는 상황이다. 그리고 희미한 녹색 걸프 여정에서는 걸프 국가 간의 갈등이 심화되며, 걸프의 협력 노력이 중단되고, 이란과의 갈등이 고조된다. 걸프만에서의 군사적 충돌 발생 가능성이 존재하고, 또한 예멘내전이 예상하지 못한 방향으로 악화된다. 이런 상황은 ISIS보다 더 잔인한 새로운 테러 집단의 등장을 수반할 수 있다. 이 시나리오는 발생 가능성은 적지만, 만약 이런 상황이 벌어진다면 아마도 걸프의 정치적 안정과 경제적 번영의 기반에 큰 영향을 미칠 것이며, 걸프의 발전은 잠시 중단되어 어려운 몇 년을 준비해야 할 것이다.

개발 및 주요 지표들에 따르면 걸프의 순간은 녹색 걸프와 강렬한 녹색 걸프를 왔다 갔다 한다. 이 두 상황의 경우, 걸프는 안정적이고, 경제적으로 번영하며, 지식적으로 발전하고, 지역적으로 통합되며, 아랍 국가와 전 세계에 큰 영향력을 미치고 존재감을 발휘할 것이다. 걸프의 순간은 많은 성과를 이루어 왔다. 엄청난 자원을 활용해 국가 차원, 걸프 차원, 그리고 아랍 차원에서 많은 성과를 이루어 왔다. 만약 걸프의 미래가 "녹색"이거나 "강렬한 녹색"이라면, 걸프는 분명히 경제, 정치, 문화, 언론 분야에서 중심 위치를 차지하게 될 것이다. 그리고 21세기의 절반 동안 그래왔던 것처럼 걸프가 아랍 역사를 주도하는 "걸프의 세기"로 들어서게 될 것이다.

—— 옮긴이의 말

걸프는 우리나라에 다소 낯설게 느껴질 수 있지만, 사실 우리와 지금까지 오랜 세월 인연을 맺어온 지역이라 할 수 있다. 1970년대, 우리나라가 경제성장의 길을 걷고 있을 때, 걸프 지역은 오일 붐을 맞이해 큰 경제적 호황을 누렸다. 그 덕분에 걸프 국가들은 새로운 도약을 준비했고, 이때 많은 우리나라 사람들이 걸프의 건설 현장에 가서 벌어들인 외화가 우리나라 경제성장의 중요한 밑거름이 되었다.

그렇다면 과연 '걸프'란 어디일까? 영어에서 '걸프(gulf)'는 바다가 육지 쪽으로 들어간 만(灣)을 말하는데, 지리적 관점에서 걸프는 중동의 아라비아반도 인근을 지칭한다. 걸프 국가에는 바레인, 사우디아라비아, 아랍에미리트(UAE), 오만, 카타르, 쿠웨이트의 6개 아랍 국가가 포함된다. 걸프의 해안 이름을 명명할 때 아랍 국가들과 이란이 미묘한 갈등을 보이고 있는데, 이란은 '페르시아만', 아랍 국가들은 '아라비아만'이라고 칭한다. 그래서 보다 중립적인 차원에서 그냥 '만'이라는 의미의 '걸프(Gulf)'로 부르는 경우를 흔히 볼 수 있다. 이 책에서 말하는 걸프는 아라비아반도의 6개 아랍 국가를 가리키는 것으로, 이 나라들은 1981년에 걸프협력회의라는 기구를 만들어 함께 협력해왔다.

《걸프의 순간》은 우리나라에서 발간된 중

동 관련 서적 중에 차별화된 책이다. 아랍의 석학이 스스로 그들의 이야기를 직접 그들의 모국어인 아랍어로 풀어놓았기 때문이다. 이 책을 번역할 기회를 얻었을 때, 아랍 학자의 아랍 이야기라는 사실이 가장 큰 매력으로 다가왔다. 우리나라에서는 아랍 작가의 소설들이 번역되어 주로 소개되곤 했지만, 아랍 학자의 눈으로 바라본 자신들의 지역을 서술한 글은 찾아보기 힘들다. 이 때문에 아랍어로 쓰인 걸프 지역의 이야기를 번역하는 것은 매우 흥미로운 경험이었다. 우리는 대체로 서구의 시선을 바탕으로 이 지역을 이해해왔다. 그런데 이 책은 아랍인의 관점을 그대로 담고 있으며, 이런 특별한 점 때문에 현재 걸프의 변화를 알아보고 싶은 우리 독자들에게 큰 도움이 되리라 확신하며 번역을 시작했다.

《걸프의 순간》에서 저자인 압둘칼리끄 압둘라 교수는 현재 걸프 지역이 아랍의 중심으로서 '황금기'를 맞이하고 있다고 강조한다. 이것은 약 1,400년 전 메카에서 이슬람이 탄생한 것처럼 걸프 지역의 역사적 부상을 연상시키는 중요한 순간으로 간주된다. 과거에는 이집트, 레바논, 이라크, 시리아와 같은 걸프 지역이 아닌 국가들이 아랍의 정치, 경제, 문화, 언론, 지식 분야를 주도했으며, 걸프 국가들은 그들의 그늘에 가려져 큰 주목을 받지 못했다. 21세기가 도래하면서 이런 판도가 완전히 바뀌었다고 저자는 설명한다.

이 책은 걸프 지역이 어떻게 아랍의 중심으

로 떠오르게 되었는지, 그리고 이 지역의 국가들이 어떻게 정치, 경제, 문화, 지식, 언론 등 다양한 분야를 선도하게 되었는지를 깊게 들여다본다. 특히 오늘날 걸프의 부상하는 국가들이 다른 아랍 국가들에 비해 어떻게 뛰어난 역할을 해내고 있는지를 살펴본다. 저자는 이런 변화의 흐름을 철저히 분석하며, 걸프 지역의 현재와 미래에 대한 통찰력 있는 시각을 제시한다.

21세기 걸프 지역이 크게 도약하게 된 배경에는 석유 자원의 영향이 크다. 그러나 걸프의 성장과 발전은 단순히 석유에만 의존한 것이 아니다. 걸프는 지속적으로 새로운 경제적 기회와 변화를 추구하고 있다. 특히 걸프는 정치적 안정을 바탕으로 활기찬 사회를 형성했고, 그 안에서 걸프 사회를 주도하는 새로운 여성 리더들이 활약하고 있다. 또한 걸프는 아랍의 문화 발전을 이끌며, 도서박람회, 엑스포, 월드컵 등 다양한 글로벌 행사를 성공적으로 개최함으로써 명성을 쌓고 있다. 특히 알자지라와 같은 세계적인 언론사들이 걸프에서 탄생해 아랍뿐만 아니라 전 세계에 큰 영향력을 미치고 있다.

이 책은 걸프의 부상이 다양한 요인들이 어우러진 결과로 나타났음을 보여준다. 그러나 저자가 걸프 지역이 전체 아랍 세계를 대표한다고 주장하는 것은 결코 아니다. 걸프는 아랍의 깊은 역사와 문화에 뿌리를 두고 있으며, '아랍'이라는 정체성은 중요하게 다뤄진다. 다만 저자는 아랍어를 공용어로 사용하는 22개 국가 중 걸프는 6개 국가에 불과하지만, 그 발전은 아랍 세계의 새로운 이미지 형성에 큰 영향을 주었다고 강조한다. 아랍을 생각할 때, 전쟁이나 테러보다는 전 세계를 누비는 항공사, 세계 최고층 높이를 자랑하는 혁신적인 마천루, 사막의 스키장과 같은 첨단 스포츠 시설 등의 긍정적인 이미지가 연상되는 것은 걸프의 기여 덕분으로 볼 수 있다. 이 책은 이렇게 걸프의 부상을 조명하면서 동시에 그 한계점과 개선되어야 할 부분도 지적한다. 따라서 저자의 의도는 걸프를 무조건 칭송하는 것이 아니라 아랍의 역사와 세계적 맥락 속에서 걸프의 부상을 공정하게 평가하고자 하는 것이다.

현재 걸프 국가들은 탈석유 시대를 대비하며, 이 과정에서 우리나라와 신재생에너지, 제4차 산업혁명, 식량안보, 항공우주, 방위산업 등 다양한 분야에서 협력의 기회가 창출되고 있다. 특히 젊은 세대의 지도자들, 예컨대 사우디아라비아의 무함마드 빈 살만 왕세자, 아랍에미리트의 무함마드 빈 자이드 대통령, 카타르의 타밈 빈 하마드 국왕 등은 새로운 성장 기회를 추구하며 우리나라와 협력을 적극적으로 모색하고 있다. 이렇게 우리 사회에서 '제2의 중동 붐'의 기대감이 커지고 있음에도 불구하고 걸프 자체를 이해하려는 시도는 턱없이 부족하다. 이런 배경에서 이 책은 걸프 국가들의 역사, 정치, 경제,

문화, 지식, 언론 등을 상세하게 다뤄 우리나라 독자들이 걸프를 더 잘 이해하도록 도와줄 것이라 확신한다.

이 책이 나오기까지 많은 분의 도움을 받았다. 특히 쑬딴스북의 아낌없는 지원 덕분에 책 출판을 원활히 진행할 수 있었다. 한국외대 박사과정생 이지수 양의 번역 초고에 대한 세심한 피드백도 도움이 되었다. 역자들은 저자와 합의를 바탕으로 아랍어 원문 중 중복되거나 불필요한 부분을 정리하고, 새로운 정보를 추가하면서도 아랍어 원문의 의미를 최대한 살리려고 노력했다. 이 책을 통해 걸프 지역에 대한 이해가 한층 더 확장되기를 바란다.

───── 참고자료

아랍어 자료

'Abd al-Khāliq 'Abd Allāh, 'Awlamat al-Siyāsah wa al-'Awlamah al-Siyāsīyah, Majallat al-Mustaqbal al-'Arabī al-Sanah 24, al-'Add 278, Ibrīl 2002.

'Abd al-Khāliq 'Abd Allāh, al-'Awlamah: Juthūruhā wa Furū'uhā wa Kayfiyyat al-Ta'amul ma'ahā, Majallat 'Ālam al-Fikr, al-'Add al-Thānī, Ibrīl 1999.

'Abd al-Khāliq 'Abd Allāh, al-Bu'd al-Siyāsī lil-Tanmīyah al-Basharīyah: ḥālah duwal Majlis al-Ta'āwun al-Khalījī, Majallat al-Mustaqbal al-'Arabī, al-sannah 25 al-'add 290, Māyū 2003.

'Abd al-Khāliq 'Abd Allāh, al-Dawlah al-Waṭanīyah: al-Muwājahah qā'imah mundhu mi'ah 'ām, fī al-taqrīr al-'arabī al-thāmin lil-Tanmīyah al-Thaqāfīyah, Mu'sassat al-Fikr al-'Arabī, Bayrūt 2015.

'Abd al-Khāliq 'Abd Allāh, al-Niẓām al-Iqlīmī al-Khalījī, Markaz al-Khalīj lil-Abḥāth, Dubayy, 2006.

'Abd al-Khāliq 'Abd Allāh, al-Rabī' al-'Arabī: Wajhat Naẓar min al-Khalīj al-'Arabī, Majallat al-Mustaqbal al-'Arabī, al-Sanah 34, al-'Add 391, Sibtambir 2011.

'Abd al-Khāliq 'Abd Allāh, Dubayy: rihlah madīnah 'Arabīyah min al-Maḥallīyah ilā al-'Ālamīyah Majallat al-Mustaqbal al-'Arabī, Yanāyir 2006, al-'add 323.

'Abd al-Khāliq 'Abd Allāh, Ḥikāyat al-Siyāsah, al-Mu'sassah al-Jāmi'īyah lil-Dirāsāt wa al-Nashr, Bayrūt 2004.

'Abd al-Khāliq 'Abd Allāh, Majlis al-Ta'āwun li-Duwal al-Khalīj al-'Arabīyah: Ṭabī'atu wa Masīratuh, fī Kitāb Qimmah Abū Ẓabī: Majlis al-Ta'āwun li-Duwal al-Khalīj al-'Arabīyah 'alā Mashārif al-Qarn al-Hādī wa al-'Ishrīn, Markaz al-Imārāt lil-Dirāsāt wa al-Abḥāth al-Istrātījīyah, Abū Ẓabī 1998.

'Abd al-Khāliq 'Abd Allāh, Mushārakah al-Imārāt fī 'Āṣifat al-Hazm: Dawāfi'hā wa 'Awā'idihā, Taqrīr al-Khalīj 'Ām 2015-2016.

’Abd al-Khāliq ’Abd Allāh, Taḥaddiyāt al-Istithmār fī Ra’s al-Māl al-Bashrī fī duwal Majlis al-Ta’āwun al-Khalījī fī kitāb Markaz al-Imārāt lil-Dirāsāt wa al-Abḥāth al-Istrātījīyah Abū Ẓabī 2009.

’Abd al-Mun’im Sa’īd, Marīm al-Manṣūrī, Jarīdat al-Sharq al-Awsaṭ, 8 Uktūbar, 2014.

’Abd al-Raḥman al-Nu’aymī, al-Ṣirā’ ’alā al-Khalīj, al-Markaz al-’Arabī al-Jadīd lil-Ṭibā’ah wa al-Nashr, Bayrūt 1992.

’Abd Allāh al-Ghaḍhāmī, Ḥikāyat al-Hadāthah fī al-Mamlakah al-’Arabīyah al-Sa’ūdīyah, al-Markaz al-Thaqāfī al-’Arabī, al-Dār al-Bayḍā’ 2004.

’Alī al-’Āmirī, Ma’ārid al-Kutub fī al-Khalīj: I’lghā’ lil-Riqābah wa Sāḥah Wāsi’ah lil-Hurīyah, fī al-Thaqāfah wa al-Takāmul al-Thaqāfī fī Duwal Majlis al-Ta’āwun: al-Siyāsāt, al-Mu’assasāt, al-Tajalliyāt, al-Taqrīr al-’Arabī al-Tāsi’ lil-Tanmiyah al-Thaqāfīyah, Mu’assasat al-Fikr al-’Arabī, Bayrūt 2016.

’Alī al-Dīn Hilāl, Ḥāl al-Ummah al-’Arabīyah 2004-2015 al-I’ṣār: Min Taghayyir al-Niẓām ilā Tafkīk al-Duwal, Majallat al-Mustaqbal al-’Arabī, al-Sanah 38, al-’Add 435, Māyū 2015.

’Alī al-Dīn Hilāl, Ta’thīr al-I’lām al-’Arabī ’alā al-’Alāqāt al-’Arabīyah al-’Arabīyah bayn al-Taḍāmūn wa Ta’jīj al-Khilāfāt, Majallat Ārā’ Ḥawl al-Khalīj, al-’Add 117 Lamārs 2017.

’Alī Ibrāhīm al-Nu’aymī: Min al-Bidāyah ilā ’Ālam al-Nafṭ, al-Dār al-’Arabīyah lil-’Ulūm–Nāshirūn, Bayrūt 2016.

’Umar Hāshim al-Shihābī, Iqtalā’ al-Judhūr: al-Mashārī’ al-’Aqārīyah wa Tafāqum al-Khall al-Sukkānī fī Majlis al-Ta’āwun li-Duwal al-Khalīj al-’Arabīyah, Markaz Dirāsāt al-Waḥdah al-’Arabīyah, Bayrūt 2012.

Aḥmad Abū Zayd, ’Aymanah Nā‘imah: Ṣu’ūd wa Tarāju’ al-Quwwa al-Nā‘imah al-Miṣrīyya, Dār al-’Ayn lil-Nashr, 2015.

Al-Amīr Muḥammad bin Salmān Walī ’Aḥd al-Sa’ūdīyya: Lan Nuntaẓir Ḥattā Taṣbuḥ al-Ma'ārakah fī al-Sa'ūdīyya, Bal Na'mal 'alā an Takūn al-Ma'ārakah al-Qādimah 'alā Arḍ Īrān, Jarīda al-Sharq al-Awsaṭ, 3 Māyū 2017.

Al-Aswāq al-'Arabīyya, 210 Mīārāt Dūlār Tharawāt al-Sa'ūdīyāt wa yadrūn 80% mīnhā. 29 Mārs 2015.

Al-Duktūr 'Abd al-Razāq Fāris Al-Silāḥ wa al-Khubz: Al-Infāq al-'Askarī fī al-Waṭan al-'Arabī 1970-1990, Markaz Dirāsāt al-Waḥdah al-'Arabīyya, Bayrūt Ṣafḥah.

Al-Imārāt al-Ulā 'Arabīan wa Awsṭīyā' fī al-Tanāfusīyya al-'Ālamīyya 2017, Jarīda al-Imārāt al-Yawm, 31 Māyū 2017.

Al-Khalīj al-'Arabī Bayna al-Muḥāfazah wa al-Taghyīr, Markaz al-Imārāt lil-Dirāsāt wa Abḥāth al-Istirātījīyah, Abū Ẓabī 2008.

Al-Mu'āṣir: Baḥth al-Istiṭlā'ī Ijtimā'ī, Markaz Dirāsāt al-Waḥdah al-'Arabīyah, Bayrūt 1984.

Al-Sayyid Yasīn, "Al-'Awlamah wa al-Ṭarīq al-Thālith, Mīrīt lil-nashr wa al-ma'lūmāt, al-Qāhirah 2001."

Al-Siyāsāt, al-Mu'sassāt, al-Tajalliyāt. Mu'sassat al-Fikr al-'Arabī, Bayrūt 2016.

Al-Su'ūdīyah tustadīf majmū'at al-'ishrīn fī 2020. Satantaqil qimmah majmū'at al-'ishrīn min Hamburg fī Almānīyah 'ām 2017 ilā al-Arjantīn 'ām 2018 fāl-Yābān 'ām 2019 thum al-Su'ūdīyah 'ām 2020. Jarīdah al-Khalīj, al-Aḥad, 9 Yūliyū 2017.

Al-Taqrīr al-'Arabī al-Thālith lil-Tanmiyah al-Thaqāfīyah: Al-Baḥth al-'Ilmī fī al-Waṭan al-'Arabī, Mu'sassat al-Fikr al-'Arabī, Bayrūt 2009.

Amīra Sanbal wa Ākhrīyāt, Al-Nisā' al-'Arabīyāt fī al-'Ishrīnīyāt: Ḥuḍūran wa Huwīyya, Markaz Dirāsāt al-Waḥdah al-'Arabīyya wa Tajma' al-Bāḥithāt al-Lubnānīyāt, Bayrūt 2003.

Asmā' Wahbah, Rajā' al-Ṣāni': Ba'd Mashākil Banāt al-Riyāḍ, Riwāyah Jadīdah 'an al-Rabī' al-'Arabī, Majalla Sayyidatī 27 Māyū 2015.

Badrīyah al-Bishr, Waq' al-'Awlama fī Mujtamā'āt al-Khalīj al-'Arabī: Dubay wa al-

Riyāḍ Anmūdhejan, Markaz Dirāsāt al-Waḥdah al-'Arabīyya, Bayrūt 2008.

Bāqir al-Najā, Susyūlūjyā al-Mujtama' fī al-Khalīj al-'Arabī: Dirāsāt fī Ishkālīyāt al-Tanmīyah wa al-Tahdīth, Dār Kunūz lil-Nashr, Bayrūt 1999.

Barnāmaj al-Umam al-Muttaḥida al-Inmā'ī, Taqrīr al-Tanmīyah al-Basharīyah li-'Ām 2000, New York.

Basyūnī Ibrāhīm Ḥamādah, Dūr Wasā'il al-Ittiṣāl fī Ṣun' al-Qarārāt fī al-Waṭan al-'Arabī. Markaz Dirāsāt al-Waḥdah al-'Arabīyya, Bayrūt 1993.

Būrsah al-Kutub fī al-Imārāt, Al-Bawāba: Adab wa Thaqāfah, 21 Fibrāyir 2013.

Dāwūd al-Sharīyān, Barnāmaj al-Mu'ākas hal Aṣbaḥa min al-Māḍī. Jarīdah al-Ḥayāh 7 Māyū 2017.

Duwal 'Arabīyah Taqaṭṭa' al-'Alāqāt ma'a Qaṭar bī sabab Da'muhā lil-Irhāb, wa Qaṭar Ta'safat lil-Qarār, BBC 'Arabī, 6 Yūnyū 2017.

Ghrīm Wilson, Zāyed Rajul Banā Ummah, Wizārah Shu'ūn al-Ra'īsah, Abū Ẓabī 2013.

Ḥabīb al-Sāyigh Amnīan 'Āman li-Ittiḥād al-Kuttab al-'Arab. Jarīdah al-Imārāt al-Yawm, 26 Yānāyir 2016.

Ḥasan 'Alī al-Ibrāhīm, Al-Duwal al-Ṣaghīrah wa al-Niẓām al-'Ālamī, Mu'sassat al-Abḥāth al-'Arabīyah, Bayrūt 1982.

Ḥasan Madan, "Al-Taḥaddīyāt allatī Tūājih al-Thaqāfah al-Jadīdah fī al-Khalīj," fī Al-Taqrīr al-'Arabī al-Tāsi': al-Thaqāfah wa al-Takāmul al-Thaqāfī fī Duwal Majlis al-Ta'āwun: al-Siyāsāt, al-Mu'sassāt, al-Tajalliyāt. Mu'sassat al-Fikr al-'Arabī, Bayrūt 2016.

Haytham Ḥusayn, al-Riwāyah wa al-Ḥayāh, Kitāb al-Rāfid, Dā'irah al-Thaqāfah wa al-I'lām, al-Shāriqah, al-'Add 41, Māris 2013.

Ilīyās Khūrī: Rathā' Mulḥaq al-Nahār, Al-Quds al-'Arabī, 22 Dīsembir 2015.

Jābir 'Uṣfūr, Zaman al-Riwāyah, Dār al-Madā lil-Thaqāfah, Dimashq 1999.

Jamāl 'Abd Allāh, Al-Siyāsah al-Khārijīyah li-Dawlat Qaṭar 1995-2013: Rawāf'ihā wa

Istrātījīyatuhā. Markaz al-Jazīrah lil-Dirāsāt, al-Dawḥah, 2014.

Jamīl Maṭar wa 'Alī al-Dīn Hilāl, Al-Niẓām al-Iqlīmī al-'Arabī: Dirāsah fī al-'Alāqāt al-Siyāsīyah al-'Arabīyah, Markaz Dirāsāt al-Waḥdah al-'Arabīyah, Bayrūt 1983.

Jarīdah al-Bayān, I'lāmīyūn 'Arab Yu'akkidūn Dubay Tarsikh Makanatuhā 'āṣimah lil-I'lām al-'Arabī al-Ḥaḍārī al-Mutawāzin, 3 Māyū 2017.

Jarīdah al-Khalīj, "Al-Jazīrah"... Khanjar Qaṭar al-Maghruṣ fī Khāṣirah al-'Arab, al-Ithnayn 19 Yūnyū 2017.

Jarīdah al-Sharq al-Awsaṭ, al-Taqrīr al-'Ālamī li-Tiknūlūjīyā al-Ma'lūmāt 2015: al-Fajwah al-Raqmīyah Ta'riql al-Numū wa al-Tanmiyah, al-Arbi'ā 15 Abrīl 2015, al-'Add 13287.

Jihād al-Zayn, Jarīdah al-Ḥayāt: Al-Ma'nā wa al-Dawr wa al-Mā'al, Jarīdah al-Ḥayāt, 18 Mārs 2017.

Khaldūn al-Naqīb, "Al-Mujtama' wa al-Dawlah fī al-Khalīj wa al-Jazīrah al-'Arabīyah min Manẓūr Mukhtalif", Markaz Dirāsāt al-Waḥdah al-'Arabīyah, Bayrūt, Ṣafḥah 122, 1986.

Khaldūn al-Naqīb, Bāqir al-Najjār wa Rīmā al-Ṣabbān, "Ittijāhāt al-Shabāb fī Duwal al-Ta'āwun", Muntdā al-Tanmiyah al-Khalījī, al-Kuwayt 2006.

Khayr al-Dīn Ḥasīb, "Mustaqbal al-'Irāq: al-Iḥtilāl–al-Muqāwamah-al-Taḥrīr wa al-Dīmuqrāṭīyah", Markaz Dirāsāt al-Waḥdah al-'Arabīyah, Bayrūt 2004.

Kitāb al-Mawārid al-Basharīyah wa al-Tanmīyah fī al-Khalīj al-'Arabī, Markaz al-Imārāt lil-Dirāsāt wa al-Buḥūth al-Istrātījīyah, Abū Ẓabī 2009.

Mahā 'Abd al-'Azīz al-'Andījānī, Taf'īl al-Ṣanādiq al-Siyādīyah al-Khalījīyah: Haykal al-Ṣādirāt wa Tarākum al-Uṣūl al-Mālīyah, Majallat Ārā' Ḥawl al-Khalīj, al-'Add 119, Māyū 2017.

Majlis al-Quwwah al-Nā'ima li-Dawlat al-Imārāt: Muhāmih wa Ikhtiṣāṣātihi, Jarīdat al-Bayān, 29 Ibrīl 2017.

Man huwa 'Abd al-Raḥmān al-Rāshid Shakhsīyat al-'Ām al-I'lāmīyah Ṣaḥīfat al-Bayān, 11 Māyū 2016.

Markaz al-Khalīj lil-Abḥāth, Jiddah, 2016.

Marwān Iskandar, Qaṭar al-Dawlah al-Mutaqallibah, Bayrūt 2015.

Mawq' CNN bi al-'Arabīyah: al-Shafāfīyah al-Duwalīyah: al-Imārāt tataṣaddar fī Mukāfaḥat al-Fasād al-Munāfaṣah al-Waḥīdah allatī taqaddamat fī al-Minṭaqah, 26 Yanāyir 2017.

Mu'taz Salāmah, 4 Sinūn 'alā Thawrat Yūniyū-al-Dā'irah al-Khalījīyah: Markaz Mukhāṭir wa Furṣ al-Duwal al-Iqliymī al-Miṣrī.

Muḥammad 'Ābid al-Jābrī, al-Mas'alah al-Thaqāfīyah fī al-Waṭan al-'Arabī, Markaz Dirāsāt al-Waḥdah al-'Arabīyah, Bayrūt 1999.

Muḥammad Abū al-Rab, al-Jazīrah wa Qaṭar: Khuṭabāt al-Sīyasah wa Sīyasāt al-Khuṭāb. Dār Abūghūsh lil-Nashr 2010.

Muḥammad al-Bāz, al-Shaykha Mūzah: Malikah Tabaḥth 'an 'Arsh, Dār Kunūz lil-Nashr wa al-Tawzī' al-Qāhirah 2013.

Muḥammad al-Khuma'lī, Mā Huwa Ṣundūq al-Ajyāl al-Qādimah fī al-Kuwayt, Jarīdat al-Ḥayāh, 19 Yanāyir 2016.

Muḥammad al-Sa'īd Idrīs, al-Niẓām al-Iqlīmī lil-Khalīj al-'Arabī, Markaz Dirāsāt al-Waḥdah al-'Arabīyah, Bayrūt, 2000.

Muḥammad bin Huwaydan, 'Dawr Duwal al-Khalīj fī Qiyādah al-'Ālam al-'Arabī fī al-Qarn al-Hādī wa al-'Ishrīn', Majallat Dirāsāt al-Khalīj wa al-Jazīrah al-'Arabīyah, al-'Add 132, al-Sanah 35, Yanāyir 2009.

Muḥammad bin Rāshid Āl Maktūm, Ru'yatī: al-Taḥaddiyāt fī Sabāq al-Tamayyuz. al-Mu'assasah al-'Arabīyah lil-Dirāsāt wa al-Nashr, 2006.

Muḥammad bin Rāshid Āl Maktūm, Ta'ammulāt fī al-Sa'ādah wa al-Ijābīyah, Explorer lil-Nashr wa al-Tawzī', Dubayy 2017.

Muḥammad Ghānim al-Rumayḥī, al-Nafṭ wa al-'Alāqāt al-Duwalīyah, Wajhat Naẓr 'Arabīyah, Silsilat Kutub 'Ālam al-Ma'rifah, al-'Add 52, al-Majlis al-Waṭanī lil-Thaqāfah wa al-Funūn wa al-'Adāb, al-Kuwayt 1986.

Muḥammad Najīb Bū Ṭālib, Sūsyūlūjīyah al-Ẓāhirah al-Qabīlīyah al-Khalījīyah, fī al-Taqrīr al-'Arabī al-Tāsi': al-Thaqāfah wa al-Takāmul al-Thaqāfī fī Duwal Majlis al-Ta'āwun: al-Siyāsāt, al-Mu'assasāt al-Tajalliyāt. Mu'assasah al-Fikr al-'Arī, Bayrūt 2016.

Murād Ibrāhīm al-Dusuqī wa Ākharūn, al-Numūr al-Āsiyūwīyah: Tajārib fī Hazīmat al-Takhaluf, Markaz al-Ahrām lil-Dirāsāt al-Siyāsīyah wa al-Istrātījīyah, al-Qāhirah 1995.

Nādir Farjānī, 'An Naw'īyah al-Ḥayāh fī al-Waṭan al-'Arabī, Markaz Dirāsāt al-Waḥdah al-'Arabīyah, Bayrūt 1992.

Nidāl Ḥamīd al-Mūsawī, Malāmih al-Wa'y al-Ijtimā'ī 'inda al-Mar'ah al-Khalījīyah, Dār Su'ād al-Ṣabāḥ, al-Kuwayt 1993.

Rīmā al-Ṣabbān wa Munīrah Fakhrū wa Mutrūk al-Fāliḥ, "Qaḍāyā wa Humūm al-Mujtama' al-Madanī fī Duwal Majlis al-Ta'āwun al-Khalījī", Muntdā al-Tanmiyah al-Khalījī, al-Kuwayt 1998.

Sa'd al-Dīn Ibrāhīm wa Ākharūn, "Miṣr wa al-'Urūbah wa Thawrat Yūliyū", Markaz Dirāsāt al-Waḥdah al-'Arabīyah, Bayrūt, 1982.

Sa'd al-Dīn Ibrāhīm, "Tajassur al-Fajwah bayn Ṣān'ī al-Qarārāt wa al-Mufakkirīn al-'Arab", Muntdā al-Fikr al-'Arabī, 'Ummān 1984.

Sa'īd al-Ṣiddīqī, "Al-Dawlah fī 'ālam mutaghayyir: al-dawlah al-waṭanīyah wa al-taḥaddiyāt al-'ālamīyah al-jadīdah, Markaz al-Imārāt lil-Dirāsāt wa al-Abḥāth al-Istrātījīyah, Abū Ẓabī, 2008."

Sa'īd Sulṭān al-Hāshimī, "Umān, al-Insān wa al-Sulṭah: qirā'ah mummahdah lifahm al-mashhad al-siyāsī al-'umānī al-mu'āṣir, Markaz Dirāsāt al-Waḥdah al-'Arabīyah, Bayrūt, 2015."

Sāmu'il Hunṭingṭūn, "Ṣadām al-Ḥaḍarāt: i'ādah ṣun' al-niẓām al-'ālamī, Kitāb Sṭūr, al-baṭ'ah al-thānīyah, al-Qāhirah, 1999."

Sayyid Muḥammad, "Al-Jawā'iz al-adabīyah fī duwal Majlis al-Ta'āwun al-Khalījī, fī al-taqrīr al-'arabī al-tāsi' lil-tanmiyah al-thaqāfīyah 2016, Mu'sassat al-Fikr al-'Arabī, Bayrūt."

Sulaymān 'Abd al-Mun'im, "Kayfa aqām al-Imārātīyūn al-dawlah al-ḥulm, al-Ahrām 22 Ibrīl 2017."

Ṣundūq al-Naqd al-Duwalī, Al-Taqrīr al-iqtiṣādī al-'arabī al-muwāḥad, 2017.

Ta'āmulāt Ma'mārīyah wa 'Umrānīyah Mustawḥāh min Dubay [with a link: http://Dubaization.com]

Ṭalāl Salman: al-Safīr 13552 taghīb ....walā tantafi', 4 Yanāyir 2017.

Ṭāmī bin Muḥammad al-Samīrī, al-Riwāyah al-Sa'ūdīyah: ḥawārāt wa as'ilah wa ishkālīyāt, Dār al-Kifāḥ, al-Dammām 2009.

Taqrīr al-Amānah al-'Āmmah li-Ittiḥād al-Muṣārif al-'Arab 2016.

Taqrīr al-Ma'rifah al-'Arabī 2009, Barnāmaj al-Umam al-Muttaḥidah al-Inmā'ī wa Mu'sassat Muḥammad bin Rāshid, Dubay.

Taqrīr al-Tanmiyah al-Bashariyah: Tanmiyah lil-Jamī' 2016, Barnāmaj al-Umam al-Muttaḥidah al-Inmā'ī, Kanadā 2016.

Taqrīr Naẓrah 'alā al-I'lām al-'Arabī 2016-2018: Shabāb, Muḥtawā, I'lām Raqamī, Al-Iṣdār al-Khāmis, Madīnat Dubay lil-I'lām wa Nādī Dubay lil-Ṣiḥāfah 2017.

Ṭāriq al-Zar'ūnī, Wāḥidan fī al-Jazīrah, Dār Kitāb, al-Imārāt 2016.

Tartīb Aqwā al-Jiyūsh fī al-Munṭaqah: Miṣr al-10 'Ālamīan. Mawq' Bil-'Arabīyah CNN, 10 Yūlyū 2017.

Turkī bin 'Abd Allāh, Al-Sa'ūdīyah: Al-Mūrūth wa al-Mustaqbal wa al-Taghyīr al-ladhī Yu'azziz al-Baqā'. Al-Furāt, Bayrūt 125, 2016.

Usāmah Amīn al-Khūlī (Taḥrīr), Al-'Arab wa al-'Awlama: Buḥūth wa Munāqashāt al-

Nadwah al-Fikrīyya, Markaz Dirāsāt al-Waḥdah al-'Arabīyya, al-Ṭab'a al-Thālitha, Bayrūt 2000.

Walī Naṣr, Ṣu'ūd Qawā al-Tharwah: Nahḍat al-Ṭabqah al-Wusṭā al-Jadīdah fī al-'Ālam al-Islāmī wa An'ikāsātihā 'alā 'Ālamnā, Dār al-Kitāb al-'Arabī, Bayrūt 2011.

Ẓāhirah Jalūd, Sanawāt min al-Ibdā': mubdi'ūn min al-Khalīj, Nadwah al-Thaqāfah wa al-'Ulūm, Dubayy, 2014.

Zakiyyah Kurdī, "Muqābalah ma' Dīmā al-Junaydī Baṭlat Musalsal Arāyīb Sūd." Jarīdah al-Khalīj, al-Sabt 1 Yūliyū 2017.

영문 자료

Abdulla Abdulkhaleq, "Contemporary Issues of the Arab Gulf Moment", *The London School of Economics*, No.11, September 2010.

Abdulla Abdulkhaleq, "The Impact of the Arab Spring on the Arab Gulf States", In *The Silent Revolution: The Arab Spring and the Gulf States*, edited by May Seikal and Khawla Matter. Gerlach Press, 2014.

Abdulla Gaith, "Khaleeji Identity in Contemporary Gulf Politics", *Gulf Affairs*, Oxford University, Autumn 2016.

Al Faris Abdulrazak and Soto Raimundo, eds, *The Economy of Dubai*. Oxford University Press, 2016.

Aldosari Hala, "Royal Women in the Gulf: Agent of Change or Defenders of Status Quo?", *The Arab Gulf States Institute in Washington*, June 2016.

Ali, Syed. Dubai: *Gilded Cage*, New Haven: Yale University Press, 2010.

AlSaied Najat, "Walid al Ibrahim: Modernizing Mogul of MBC", *In Arab Media*

Mogul, edited by Donatella Della, Noami Sakr and Jakob Skovgaard−Peterson, London: I.B.Tauris, 2015.

Alsharekh Alanoud, Springborg Robert and Stewart Sarah, *Popular Culture and Political Identity in the Arab Gulf States*, London; Saqi Books, 2008.

Altorky Soraya, *Women in Saudi Arabia: Ideology and Behavior Among Elites*, Columbia University Press, 1985.

Bahgat Gawdat, "Sovereign Wealth Funds in the Gulf: An Assessment", Middle East Center, *London School of Economics* No.16, July 2011.

Bsheer Rosie and Warner John, eds, *Theorizing the Arabian Peninsula*, Tadween Publishing, JADMAG Issue 1.1, Fall 2013.

Cordesman Anthony, *Iran and Iraq: The Threat from Northern Gulf*, Boulder: Westview Press, 1994.

Davidson Christopher M, *Dubai: The Vulnerability of Success*, Oxford University Press, 2009.

Davidson Christopher, "Persian Gulf−Pacific Asian Linkages in the 21st Century: A Marriage of Convenience", The Middle East Center, London School of Economics, *Discussion Paper* No.7, January 2010.

Ekins Paul, *A New World Order: Grassroots Movement for Global Change*, London: Routeldge, 1992.

Foley Seam, *The Arab States: Beyond Oil and Islam*, Boulder: Lynne Rienner Publishers, 2010.

Fox John W Mourtada−Sabbah Nada and al Mutawa Mohammed, *Globalization and the Gulf*, London: Routledge, 2006.

Friedman Thomas L, *The World Is Flat: A Brief History of Twenty First Century*, New York: Farrar, Strauss and Giroux, 2005.

Gaub Florence, *The Gulf Moment: Arab Relations Since 2011*, The U.S. Army War

College Press, 2015.

Gray Matthew, "A Theory of 'Late Rentierism' in the Arab Gulf States of the Gulf", Center for International and Regional Studies, Georgetown University School of Foreign Service in Qatar, *Occasional Paper* No.7, 2011.

Gupte Pranay, *Dubai: The Making of a Megapolis*, New Delhi: Penguin/Viking, 2011.

Halpern Manfred, *The Politics of Social Change in the Middle East and North Africa*, New Jersey: Princeton University Press, 1963.

Hammond Andrew, "Saudi Arabia's Media Empire: Keep the Masses at Home", *Arab Media and Society*, Issue 3, Fall 2007.

Hanieh Adam, *Capitalism and Class in the Gulf Arab State*, London: Palgrave, 2011.

Hertog Steffen, "A Quest for Significance: Gulf Oil Monarchies' International Soft Power Strategies and their Local Urban Dimensions", Middle East Center. London School of Economics, *Paper Series*, 42, March 2017.

Hiro Dilip, *The Longest War: The Iran−Iraq Military Conflict*, London: Routledge, 1990.

Holbraad Carsten, "The Role of Middle Power", *Cooperation and Conflict*, July 1971.

House Karen Elliot. Saudi Arabia in Transition: From Defense to Offense, but how to score? Belfer Center, Harvard Kennedy School, *Senior Fellow Paper*, June 2017.

Kanna Ahmed, *Dubai: The City as Corporation*, Minneapolis: University of Minnesota Press, 2011.

Kennedy Paul Messner Drik and Nuscheler Franz, eds, *Global Trends and Global Governance*, London: Pluto Press, 2002.

Kotkin Joel, *The City: A global History*, Modern Library Chronicles, 2006.

Krane Jim, *City of Gold: Dubai and the Dream of Capitalism*, Picador, 2010.

Law Bill, "The Gulf's 'Little Sparta' has a big military ambitions", *Middle East Eye*,

April 25, 2017.

Nye Joseph, Soft Power: *The Means To Success in World Politics*, New York: Public Affairs, 2005.

O' Sullivan Edumund, *The New Gulf: How Modern Arabia is changing the World for Good*, Motivate Publishing, 2008.

Ottaway David B, "The Arab Tomorrow", *The Woodrow Wilson Quarterly*, 2010.

Rubin Lawrence, "A Typology of Soft Powers in Middle East Politics", *Working Pape* No. 5. Dubai: Dubai School of Government, 2010.

Soffan Linda, *The Women of the United Arab Emirates*, London; Croom Helm, 1980.

Torstrick Rebecca L and Faier Elizabeth, *Culture and Custom of the Arab Gulf States*, London: Greenwood Press, 2009.

Ulrichsen Kristian Coates, "The GCC States and the Shifting Balance of Global Power", Center for International and Regional Studies, Georgetown University School of Foreign Service in Qatar, *Occasional Paper* No.6, 2010.

Ulrichsen Kristian Coates, *The Gulf States in International Political Economy*, London: Palgrave Macmillan, 2015.

Ulrichsen Kristian Coates, *The United Arab Emirates: Power, Politics and Policy Making*, London: Routledge, 2016.

Yergin Daniel, *The Prize: The Epic Quest for Oil, Money & Power*, Free Press 1993.

Zakaria Fareed, *Post American World and the Rise of the Rest*, New York: Penguin Books, 2009.

Zogby James, "Shedding Lights on the Gulf' s Middle Class", *McKenzie Quarterly*, February 2017.

인터넷 자료

https：//alhayat.com/Opinion/Khaled−El−Dakheel/9669717/

https：//businesschief.eu/corporate−finance/top−10−best−performing−telecom−operators−in−the−middle−east/

https：//data.worldbank.org/indicator/SE.ADT.1524.LT.MA.ZS?locations=1A

https：//en.wikipedia.org/wiki/Middle_Power

https：//gulfmigration.grc.net/media/graphs/Figure1percentageofnationals%20non−nationals2020v2.pdf

https：//gulfnews.com/opinion/op−eds/saudi−arabias−royal−revolution−1.602969

https：//gulfnews.com/uae/uae−217−million−visitors−throng−sharjah−international−book−fair−2022−1.91994430

https：//hdr.undp.org/data−center/country−insights#/ranks

https：//knoema.com/infographics/aomssce/global−knowledge−index

https：//linkis.com/www.economist.com/ne/6A53O

https：//manshoor.com/world/development−consultants−mckinsey−in−gcc−saudi−plan−mohammed−bin−salman/

https：//rsf.org/en/region/middle−east−north−africa

https：//www.arabnews.com/node/2324951/middle−east

https：//www.bp.com/en/global/corporate/energy−economics/statistical−review−of−world−energy/

https：//www.edarabia.com/sharjah−international−book−fair−sba−sharjah−uae/

https：//www.forbesmiddleeast.com/list/

https：//www.globalfirepower.com/countries−listing.php

https：//www.imd.org/centers/wcc/world−competitiveness−center/rankings/world−competitiveness−ranking/2023/

https：//www.statista.com/statistics/1226406/gcc−life−expectancy−at−birth−by−country/

https：//www.swfinstitute.org/fund−rankings/sovereign−wealth−fund/

https：//www.theatlantic.com/international/archive/2015/11/ashton−carter−gulf−iran−isis/414591/

https：//www.thenationalnews.com/world/2023/03/02/uae−enters−top−10−in−global−soft−power−rankings/

https：//www.transparency.org/

https：//www.undp.org/publications/global−knowledge−index−2020

https：//www.worldairlineawards.com/worlds−top−100−airlines−2023/

https：//www.worldometers.info/world−population/

https：//www.wsj.com/articles/saudi−crown−prince−and−u−a−e−heir−forge−pivotal−ties−1502017202

https：//www3.weforum.org/docs/GITR2016/WEF_GITR_Full_Report.pdf

https：//www3.weforum.org/docs/WEF_GGGR_2023.pdf

http：//wwww.lebanon24.com/ext/articles/print/1491035464110250100/

https：//uabonline.org/ar/